あいまいな喪失と家族のレジリエンス

災害支援の新しいアプローチ

黒川雅代子・石井千賀子
中島聡美・瀬藤乃理子　編著

ポーリン・ボス，柳田邦男　序文

誠信書房

読者の皆様へ

　2011年3月11日に東日本を襲った，地震・津波・原子力災害という悲惨な複合災害の1年後，日本のメンタルヘルスの専門家チームが，ミネソタ大学の私のもとに訪ねてきました。そのとき，チームに対して行ったトレーニングのなかで，行方不明者の家族が直面しているトラウマ的なストレスを和らげるには，どのような支援ができるかについて話し合いました。そのような不明確な喪失は，「あいまいな喪失」と呼ばれています。他の喪失とはまったく異なるこの喪失について，そしてこの喪失に苦しむ大人や子どもたちへの介入方法について，ぜひ学びたいと思って日本の専門家チームが訪米したことが，出会った当初から私にははっきりとわかりました。このチームが日本に戻ったときに直面するであろう計り知れない試練を思い，そして，行方不明者家族を支援するために新しいアプローチを学ぼうとする彼らの忍耐力に，私は深く心を動かされました。私は40年にわたって，世界各地で行方不明者家族の支援に携わる専門家のトレーニングにあたってきましたが，このチームほど能力が高く，ひたむきなメンタルヘルスの専門家チームと一緒に仕事をしたことはありません。

　ミネソタでこのチームのトレーニングを行ったのち，私は仙台と福島に向かい，現地の専門職の方たちに向けて講演とワークショップを行いました。被災地では多くの方が，愛する人や，家や，先祖代々の土地を失っていました。そのような喪失やトラウマをもつ大人や子どもたちを懸命に支援しようとしているメンタルヘルスの専門家，地域の支援者，学校の先生などに出会い，その方たちの献身的な仕事ぶりに触れ，私は再び強く心を動かされました。その後も東日本大震災の被災地において，アメリカにいる私とスカイプ(Skype)でつなぐ形で，何度も事例検討会を重ねてきました。2012年にミネソタ大学に訪れた専門家チームは，日本であいまいな喪失の支援に携わる方たちに対して，今では自分たち自身でトレーニングを行うようになっています。

あいまいな喪失のトレーニングのなかで行っていることが，被災地だけでなく日本国内に広がるようにと，著者たちはこの素晴らしい本をつくりあげました。この本では，行方不明者の家族への介入方法が，伝統的なグリーフやトラウマの介入方法と比べてどのように異なるかについて書かれています。とくに，あいまいな喪失の介入方法は，従来の方法よりも関係性に注目し，個人の症状に焦点を当てるのではなく，むしろその人が属する家族や地域社会との関係性に焦点を当てるという，システミックな視点を重視します。この学際的な見方は，メンタルヘルスの専門家の関わりがなくなったあと，被災した家族に長く関わる可能性があるさまざまな立場の支援者や地域のリーダーたちにも役立ちます。

　生きているのか死んでいるのかを示す証拠もなく，埋葬するものも見つからないとき，私たちの支援の目標は，たとえあいまいな状況がずっと続くとしても，家族が再び穏やかな生活を送れるように助けることです。あいまいな喪失に対する介入の目標は，終わらせること（終結）ではなく，状況が謎に包まれたままであっても，新しい希望や夢を発見し，家族が何らかの意味を見出せるように支援することです。新しい意味や希望を家族が見出すために，私は6つのガイドラインを提唱していますが，それについては本書の第1章に詳しく述べられています。

　本書は，あいまいな喪失の理論，例えば「あいまいな喪失が何を意味し，どのような影響があり，家族や地域社会との関係性を重視したアプローチのなかで，具体的にどのように介入を行うか」について，わかりやすく解説することを目的に書かれました。本書のなかで著者らは，あいまいな喪失の状況が，津波で行方不明となった場合であっても，認知症で心や記憶の機能が低下した場合であっても，個人だけでなく家族や周囲を視野に入れたシステミックな視点や，文脈と呼ばれる関係性を重視する視点がなぜ必要であるかなど，そのアプローチについて詳しく説明しています。あいまいな喪失には，身体的もしくは心理的喪失の2つのタイプがありますが，いたるところにあるこのようなストレスについて，もっと広く人々に認識されるべきですし，このようなストレスはできれば1人に焦点が当てられるのではなく，2人，あるいは家族や地域社会といった関係性のなかで支援されるべきです。

もし，埋葬するべき遺体が見つからず，大切な人が行方不明のままのとき，あるいは先祖代々の家や土地がそこにあるにもかかわらず，住むことも耕すこともできなくなってしまったとき，あいまいな喪失の考え方や介入方法を用いることにより，終わりのない喪失を抱えながらも，人々が次の一歩を踏み出す支援を行うことができます。この理論は多様な地域，宗教，性差，世代を超えて有効であることがわかってきています。そして，それはあいまいな喪失に苦しむ人たちを判断や批判の対象にすることがなく，症状ではなくレジリエンスに焦点を当てています。また，その枠組みはさまざまな職種の分野が協同して用いることができます。例えば，医師，心理専門家，精神保健福祉士，社会福祉士，保健師，看護師，宗教家，教育者，行政職，警察官，救急隊員，そしてボランティアの人々などが含まれます。そして，何よりも良い点は，このあいまいな喪失の枠組みは，明確な答えや解決策を見つけることができないであろう行方不明者の家族をどのように支援していくかについて，道案内の地図として提供できることです。あいまいな喪失による答えの出ない問いをもちながらも，個人が，そしてそれぞれの家族が生活の質を維持する方法を，読者は今，本書を通して知ることができるのです。

　世界中で，自然災害や人為災害，病気，テロなどにおいて，あいまいな喪失は，今や独自の理論と支援法として認められ，介入が行われるべき喪失のひとつとして認識されています。本書の著者であるメンタルヘルスを専門とする素晴らしいチームは，あいまいな喪失の概念や理論をよく理解し，それをどのように実践したらよいのか，他の専門家にどのようにこの方法を教えればよいのかについて，精通しています。私は，著者たちの活動を通してあいまいな喪失について学んだ多くの専門家が，身体的あるいは心理的なあいまいな喪失を経験している家族が感じているストレスを和らげることができることを願って，熱い声援を送り続けます。

　読者のみなさんに私の深い思いが届きますように，そしてこの本があなた方の支援に役立ちますように，心から祈っています。

　　　　アメリカ合衆国 ミネソタ州　ミネソタ大学名誉教授　ポーリン・ボス

序文——危機のなかにおける人間再生の道標(みちしるべ)

　この『あいまいな喪失と家族のレジリエンス——災害支援の新しいアプローチ』を2回，3回と読み返して，強く感じたことが2つあります。
　1つは，精神保健関係の専門書で，こんなにもわかりやすく，かつ事例の人間像にリアリティがあって，しかも専門的な啓発書として肝心なことをしっかりと押さえている本は，私の読書経験からはそう多くはないということです。もう1つについては，後述します。
　わかりやすさと専門性のバランスのよさは，次のような事情によるものだと，私は思います。本書を執筆された心の専門家たちは，東日本大震災の大津波によって大切な家族が行方不明になり，生きているのか死んでしまったのか確認できないという，まさに「あいまいな喪失」の状態に置かれている家族たちを支える活動を続けてきた人たちです。そのなかで，クライエントだけと向き合うという一般的なカウンセリングの方法では，クライエントの心になかなか明かりが灯らないという行き詰まりを感じていたというのです。そして，仲間同士で情報交換をするなかで，アメリカのポーリン・ボス博士の「あいまいな喪失」の理論と実践を集大成した著書を知り，グループで渡米して，直接ボス博士から猛烈な勢いで学び，帰国すると被災地での支援活動を続けました。
　そうした実践経験が積み上げられ，「あいまいな喪失」理論の有効性と重要性が確認されたところで，専門家たちは本書の企画に取り組んだのです。しかも，執筆にあたっては，対象にする読者層を心理や精神保健領域の専門職だけでなく，被災者の支援に関わるソーシャルワーカー，社会福祉士，保健師，看護師，宗教家，教育関係者，行政職，警察官，救急隊員，ボランティア活動家などにも理解してもらおうと幅を広げました。ですから，「あいまいな喪失」理論の核心を示すキーワードや取り組みの基本的な考え方を示す文章は，必要に応じて繰り返しを厭わないで記述されています。そういう執

筆の動機と取り組み方が，わかりやすさと専門性のバランスのよさを生み出したのでしょう。そうするなかで，わかりやすくするための比喩的な表現も見事です。それらのいくつかを紹介しておきます。

【キーワードの例】
▶「あいまいな喪失」の２つのタイプ

タイプ１「さよならのない別れ」＝心理的には存在していますが，身体的（物理的）には存在していない状態。津波による行方不明だけでなく，土砂崩れ・火山噴火・雪崩れ・船舶の遭難・ニューヨーク同時多発テロによるビル崩壊などによって遺体が確認できない状況のなかでも，「あいまいな喪失」に苦しむ人々が数多く見られました。福島第一原発事故で遠方に避難を余儀なくされた人々にとって，故郷は帰れるか帰れないかわからない状態に置かれています。しかし故郷の土地は存在していて「いつかは」と希望を捨て切れない。まさに「さよならのない別れ」になります。

タイプ２「別れのないさよなら」＝身体的には存在しているが，心理的には存在していない状態。認知症，頭部外傷や病気による意識不明などによって，意思の疎通ができなくなっている場合が典型的な例ですが，父親が単身赴任でほとんど帰らない家庭など一般的な状況においても「あいまいな喪失」の心理状態に陥る人々がいるということです。福島第一原発事故で父親は仕事のために福島に残り，家族は遠方に避難している場合も同じでしょう。

▶「ジェノグラム（多世代家族構成図）」

家族全体の関係性を図式したもの。関係性の濃淡を３重線（情緒的にきわめて密な関係），２重線（サポートし合う関係），１本線（付かず離れずの関係），点線（希薄な関係），ギザギザの線（葛藤の関係）などで描き分けることで，家族関係や家族が直面する課題が把握しやすくなります。災害など異変があって家族関係に変化が生じた場合には，災害前と現在の２つのジェノグラムをつくると，家族の役割や相互の関係性がどう変わったか，主要な問題はどこにあるかが，はっきりと見えてきます。地域や学校など環境との関係で重要な点を注記すると，課題の背景にある問題も見えてきます。

▶「レンズ」

　対象者とその家族の課題をとらえるための視点あるいはツールのことを，ボス博士はしばしば「レンズ」という比喩的な用語で表現しているということです。本書のなかからその例文を挙げてみます。

　　「いつ解決するか，終結するかわからないあいまいな喪失の支援を行う際，家族の視点から出発すると，その家族がもつ回復力，レジリエンスを垣間見ることができます。〔中略〕〔家族という〕このレンズを通してみると，家族の誰かひとりに会うときも，その家族の見え方が変わってきます。また，家族のレンズを用いると，長期的な視点からとらえることができるため，とくに子どものいる家族や多世代家族には問題を予防する側面も見えてきます」(p. 34)

　なぜこのように「家族のレンズ」という視点を強調するのか，その理由は，ボス博士が「あいまいな喪失」理論を考え出した背景に，自分の専門である家族療法の思想と方法があったからだということです。

　このように，主なキーワードのうちとりあえず3つについて丁寧に説明したのは，苦悩する人に対する新しい理論によるサポートのあり方を深く理解するには，主要なキーワードを実践に結びついたかたちで理解し，身につける必要があることを例示するためでした。

　ところで，私が「あいまいな喪失」の理論に関心を抱いたのは，ボス博士の大著『あいまいな喪失とトラウマからの回復――家族とコミュニティのレジリエンス』（中島聡美・石井千賀子監訳，誠信書房）を，出版後間もない2015年夏に中島聡美先生からいただいたことがきっかけでした。東日本大震災から4年後のことです。

　その後，福島大学で開かれた「あいまいな喪失」の事例検討会にも参加して，心の専門家たちがどのような取り組みをしているかをつぶさに知ることができました。その検討会では，ボス博士がアメリカからのテレビ電話中継で助言役を務め，参加者たちの報告や議論に節目節目で評価やアドバイスをしていました。私は，参加者たちがケアワーカーとしての実践的な力を高めていこうとしているひたむきさを感じました。

そのとき考えたのは，専門家たちがケアにあたった被災家族の事例の評価や意味づけをコメントした啓発書をまとめるなら，被災者の社会的な支援や精神的なケアに携わっている人々に，新しい海路図を提供する役割を果たすことになるに違いないということでした。そして，さらに4年が経過し，期待どおりの啓発書が出版されたのです。

【基本的な考え方を示す文章】

　本書の魅力の1つは，理論の基本的な考え方を，名言として独立させても活用できるような表現で述べている文章を，随所に登場させていることです。そういう理論を実践に結びつける文章の代表的なものをあらかじめ知っておくことは，本書を読み進めるにあたって，理論と取り組み方に納得感を得るうえで役立つに違いないと思います。以下にいくつかの文章を紹介しておきます。

- 「あいまいな喪失への対処は，あいまいさをなくしたり，その問題を決着させるために，白黒をつけることではありません」(p. 16)
- 「あいまいな喪失への介入は，このあいまいさに耐えられるレジリエンスを発展させることであり，あいまいさを抱えながらも，より良く生活できるようにすることなのです」(p. 16)
- 「あいまいな喪失状況においては，個人のレジリエンスだけではなく，その家族やコミュニティのレジリエンスを活性化することが重要です」(p. 17)
- 「あいまいな喪失は解決が困難な課題であるため，AとBのどちらかを選択するような二者択一的な思考は有用ではありません。どちらもありうるという開かれた考え方をもつことで精神的な緊張が減少します」(pp. 17-18)
- 子どもは家族が行方不明になったのは自分のせいではないかと思いがちであることに対し，「まずは『ママが行方不明になったのは，Dくん〔8歳男児〕のせいではないよ』と，今の状況の原因を外在化し，不適切な支配感から解放して自責の念を軽減する心理教育的な支援を行うことができます」(p. 43)
- 「子どもの無力感を減らし，現状でできていること，たとえ小さなことであっても，子ども自身がコントロール感を適切にもてることに，支援者が

目を向けていくことが大切です」(p.43)
- 「家族の内や外の人間関係で，ガタガタとヒビがはいるように問題が顕在化することがあります。Dくん個人に目を向けていると，友だちとの間で問題行動が目立ちます。しかし，家族全体に目を向けてみると，そのガタガタという音は，家族のまとまり方に無理が生じていることに警鐘を鳴らしている音なのだと気づくことができます」(p.46)

　私は，少子化や電子メディアの生活への浸透など，子どもの心の発達に支障となりうる要因の多い時代傾向のなかで，子どもの心を解放し感性や言葉の発達に役立つような活動をいくつもの地域で行っています。東京の荒川区では，毎年夏に小・中学生に呼びかけて，家族で絵本を読み，気づいたことや考えたことを私宛てに手紙で知らせようという活動を，すでに11年続けています。福島では，原発事故による放射能汚染で全住民が避難を余儀なくされている村の小学生を対象に，避難先の仮設校舎でのびやかに絵を描くワークショップを5年間続けてきました。
　このような活動を継続していると，子どもたちのなかに，言動などから家族内に何か問題があるのではないかと思われる子や，心の発達に障がいがあると思われる子が見えるようになってきます。そういう子には，描きたいように自由に描けばいいんだという気持ちになるように，時折声をかけるようにしています。すると，ほかの子より描き始めるのは遅くても，いよいよ描き始めたところをほめてあげたりすると，どんどん手が動いて，大胆な色づかいの絵を描き上げるのです。感動するのは，そういう子のことを，ほかの子どもたちが差別することもなく，あたたかく見守っていることです。家族の移住によって転校してしまう子が多く，年々児童数が減っていることもあって，残った子どもたちの間には，無意識のうちに連帯意識のようなものが生まれているのかもしれません。
　私は，これ以外にも，宮城，岩手の津波被災地の被災者たちの取材や支援を続けてきました。津波で家族を亡くしたり，家族が行方不明で心の整理ができないでいたりする被災者の苦しみや悲しみに耳を傾けてきました。
　そうしたさまざまな経験に，「あいまいな喪失」の問題を深く掘り下げ，

その支援のあり方を編み出した専門家たちの今回の啓発書による学びを重ね合わせると，霧のなかにあった問題の核心がくっきりと姿を現したという印象がきわめて強いです。《やはりそうだったのだ》という納得感が，私の脳内にしみわたりました。

なかでも第2章「家族療法とあいまいな喪失」と第3章「子どものあいまいな喪失」における事例分析の紹介は強烈でした。とくに「あいまいな喪失」の6つの支援ガイドライン[*1]にそった支援の展開は，事例のモデルとされた家族の姿が目に浮かぶほどで，私は家族のなかの子どもたちにすっかり感情移入をして読み進めたものでした。

また，第2章「家族療法とあいまいな喪失」の事例2として取り上げられた家族——福島のある町に住んでいた夫婦と娘の一家3人の場合，夫（38歳）は仕事のために町に1人で残り，妻（38歳）と娘（7歳）は放射能の影響を恐れて，数十キロ離れた町に避難，夫は月に1度妻子に会いに来るだけ，妻は娘がいじめにあうことを恐れて，出身地を担任にも友だちにも話さず，友だちを家に招くこともしない——という家族の状況を知らされただけで，私の胸にじわっと痛みが走りました。これでは，妻と娘が社会から孤立して生きるに等しく，そんな生き方を何年も続ければ，母娘が密着するばかりで，やがて娘が友人関係が重要になる思春期になったとき，信頼できる友だちがつくれないではないかと，私も心配になってきます。

このような家族に対しては，支援者は「ジェノグラムに加えて，家族ライフサイクルの発達段階から考えるという家族療法の『いろは』ともいえるツールを用いて，長期的な視点から」（p.56）家族を支援していくことが，丁寧に語られています。いずれにしても，こういう避難家族が背負ってしまう問題の困難さを見つめると，私は原発事故の影響の見えざる深刻さ（「罪の重さ」と言ってもよいでしょう），国と電力会社の被害者（避難者）救済の考え方の浅薄さに怒りを感じるのを禁じることができません。

---

*1　6つのガイドラインとは，(1) 意味を見つける，(2) 人生のコントロール感を調整する，(3) アイデンティティを再構築する，(4) 両価的な感情を正常なものと見なす，(5) 新しい愛着を見つける，(6) 希望を見出す。

【支援の考え方として——一般性のある言葉】

　ところで，この本をまとめた心の専門家たちは，津波や原発事故で「あいまいな喪失」を背負った被災者の支援に取り組み始めたとき，従来の一般的なカウンセリングの方法では課題の突破口を見出せないという壁に突き当たったがゆえに，視野を広げて家族療法を基盤にした「あいまいな喪失」理論を導入したことは，既述のとおりです。そして，その理論を実践するにあたって，考え方の神髄を示す"名言"を多々生み出したのですが，「あいまいな喪失」理論は網羅的なので，そうした考え方の名言のなかには，死別など一般的な喪失体験者の支援にも当てはまるものが少なくありません。ここでは，第3章「子どものあいまいな喪失」から，そうした"名言"を紹介しておこうと思います。

- 「集中力がなく勉強が遅れがちの子どもや，乱暴な行動をとる子どもは，大人からは単なる『問題児』のように見え，周囲の大人はその対応に苦労することが多いようです。しかし，その子どもが体験したことや，行動の背景にある心情を理解すると，それは子どもの悲しみの表現のひとつであることがわかります」(p. 71)
- 「グリーフの種類や程度は，子どもによってさまざまであり，泣いている子どもの悲嘆が深く，はしゃいでいる子どもの悲嘆が軽いということではありません」(p. 71)
- 「概して大人は，子どもは状況を理解するには『幼すぎる』ため，あらゆる痛みから『庇護すべき存在』であると認識するあまり，きわめて重要な事実を子どもたちに伝えないでいるのです」(p. 73)
- 「子どもに対して大人がつねに誠実に話し，その声に耳を傾けるとき，それがどんなに過酷な現実であろうと，子どもたちは家族の一員として喪失を受けとめ，しっかりと生きていく力をもっています」(p. 75)
- 「周囲の大人たちと，〔行方不明の〕パパがいない寂しさや苦しさを共有できるようになると，子どもたちは自分自身でグリーフの歩みを模索し始めます」(p. 75)

この序文のはじめに，この本を読んで強く感じたことが2つあると書きましたが，その2つ目は，次のようなことです。本書は，喪失のとらえ方や対処の仕方に関する"名言"あるいは叙述が，人間の本質に関わることを表現していることもあって，読み進めるにつれて，私がこれまで身近に経験したり，取材や書物で知ったりした人間の精神性を示すエピソードが揺さぶられるようにして記憶から甦（よみがえ）ってきて，私の気持ちを昂（たかぶ）らせるという不思議な覚醒力を秘めているということです。

　子どもが喪失の悲嘆を克服する力に関しては，いくつものエピソードが湧き上がってきました。20年余り前のことですが，東京の聖路加国際病院で，1歳8カ月の良太くんが急性脳症で死が避けられなくなったとき，母親の恵さんは見舞いに連れてくる兄の康平くん（6歳）と姉の由加ちゃん（8歳）にどう説明してよいか悩んだ末に，小児科の細谷亮太先生に相談しました。細谷先生はしばらくしてから，英国のスーザン・バーレイ作の絵本『わすれられないおくりもの』（小川仁央訳，評論社）を病室に持ってきて，2人を両脇に座らせると，ゆっくりと読み聞かせました。そして，こう話してあげたのです。

　　「アナグマ君はおじいさんになって死んだけれど，もっと小さいうちに病気で死ぬものもいるんだ。病気にはどうしても治らない病気もあるんだよ。悲しいけど，仕方ないんだ。良太くんはもうじきトンネルの向こう側へ抜けて自由になると思うけど，きみたち，良太くんのこと，いつまでも忘れないよね」

　そう言われた由加ちゃんも康平くんも涙を流してうなずいたのです。恵さんの心にも，その言葉が「乾いた土にすーっと水がしみこむように優しくゆっくりと広がりました」と，あとで話していました。そして，恵さんは，「それまでは，良太を少しでも生き長らえさせたいとばかり思っていましたが，絵本を読んでいただいてからは，祈ることがまったく変わりました。良太をかわいい姿で天国へ行かせてあげることが，良太にしてあげられるこの世で最後のプレゼントではないかと思うようになり，懸命に安らかな旅立ちを祈りました」ということでした。

それから5年が経ち，恵さんと交流があった私に，康平くんから送られてきた手紙にはこう書かれていました。

　　「良太は今，天国にいるけれど，毎日いろんな所で，いっしょにいるような気がします。あの本は，ぼくにとって心のとびらの一つです」。

　まことに本書が述べているように，「子どもたちは〔大人が誠実に話せば〕家族の一員として喪失を受けとめ，しっかりと生きていく力をもっている」のだと，あらためて思いました。
　また荒川区の子どもたちからの手紙のなかに，5歳だった難病の弟を亡くした6年生の女の子からの手紙がありました。弟の死後，泣いてばかりいましたが，そんななかで，旅立つ老いたゾウさんを見送る仲良しのネズミくんの別れを描いたベルギーの絵本『だいじょうぶだよ，ゾウさん』（ローレンス・ブルギニョン作，ヴァレリー・ダール絵，柳田邦男訳，文溪堂）を読んで，弟は天国に行ったけれど，弟の魂は自分の心の中でいつまでも生きていると気づき，泣かないで生きていけるようになったというのです。
　さらに私に記憶の再生をもたらした強烈な文章がありました。

　　「その存在が物理的あるいは心理的にないとしても，表象として心のなかに位置づけることで，その人と対話し，そこから慰めや励ましを得ることが可能だからです。このような表象としての存在もまた，心の家族なのです」(p.25)

　私の記憶から再生されたものとは，第2次大戦中にナチスドイツによるアウシュヴィッツなどの強制収容所で苛酷な労働と飢えと極寒のなかを生き抜いた精神医学者ヴィクトール・E・フランクルが『夜と霧　新版』（池田香代子訳，みすず書房）に記録した，幻想の妻との語らいについての記述です。極寒のなかでの虐待に等しい強制労働で頭がぼうっとなり，今にも倒れそうになっているとき，魂が愛する妻の面影にすがり，妻との語らいを続け，それが生を支えていたというのです。強制収容所では，入所と同時に男性と女

性は引き剥がされてまったく別棟に収容されるので，その後の生死は互いにわかりません。フランクルは，こう書いています。

> 「〔妻が〕わたしとともにあること，肉体が存在すること，生きてあることは，まったく問題の外なのだ。愛する妻がまだ生きているのか，あるいはもう生きてはいないのか，まるでわからなかった。〔中略〕だが，そんなことは瞬間，なぜかどうでもよかった。愛する妻が生きているのか死んでいるのかは，わからなくてもまったくどうでもいい。それはいっこうに，わたしの愛の，愛する妻への思いの，愛する妻の姿を心のなかに見つめることの妨げにはならなかった」(Frankl, 1977/ 邦訳 p.63)

妻が生きているかどうかはわからないとは，まさに「あいまいな喪失」そのものです。しかし，「AかBか」はどうでもよい。心のなかに浮かぶ妻の姿を見つめ，その妻と語らうだけで十分に満たされたというのです。いつ自分は体力が尽きて生が断たれるかわからないという限界状態に追いつめられているがゆえに，「あいまいな喪失」という試練を超越してしまったのか。そこに残されるのは，崇高な精神性の存在のみとなるのかもしれません。その精神性こそが，生への「レジリエンス」の源泉なのだと私は思います。

このようなフランクルの至高の言葉まで私に想起させたのは，やはりどこで終結するのかわからない複雑な苦しみを引きずる喪失体験者たちに寄りそい，濃い霧に包まれた心の深みのなかから再生の糸口を探り出し，有効な支援の取り組みを確立しようと努めた著者たちの熱気が本書の文章からにじみ出ているからだと，私には思えるのです。

この国が異常な災害多発の自然のサイクルに入り，他方では人口の超高齢化に伴う認知症患者の急増というリスクの漲(みなぎ)る時代を迎えた今，本書が心の専門家はもとより保育・教育・医療・福祉・ボランティア活動の関係者など，多くの人に読まれることを期待しています。

2019年1月

柳田邦男

はじめに

　本書は，ポーリン・ボス（Pauline Boss）博士が提唱するあいまいな喪失理論を，翻訳書ではなく日本人による書き下ろしで紹介した初めての書籍になります。東日本大震災によって愛する人が行方不明になった家族や，故郷を離れることになった家族などが経験しているあいまいな喪失の概要と支援方法について解説しました。

　編者らがあいまいな喪失理論を強く意識したのは，2011年3月11日に起こった東日本大震災によって，多くの行方不明者が発生したことがきっかけです。当時，あいまいな喪失理論は，南山浩二氏翻訳の『「さよなら」のない別れ　別れのない「さよなら」——あいまいな喪失』で紹介されてはいましたが，まだ一部の家族療法家のみが知る理論でした。

　戦後，わが国でこれほど多くの方が，生死がわからないまま行方不明になられたことはありません。死別による悲嘆を研究，実践していた編者らも，当初この状況をどのように考えたらいいのか，何ができるのか，道を見出すことができませんでした。

　そんなとき，暗闇にかすかな光を与えてくれたのが，ボス博士のあいまいな喪失理論でした。本書の編者のひとりである瀬藤乃理子がボス博士に連絡をとり，石井千賀子，黒川雅代子，瀬藤乃理子，中島聡美で，ミネソタ大学のボス博士を訪ねたのは2012年3月のことでした。

　ボス博士は，編者ら4人を温かく迎えてくださり，3日間われわれのためだけに時間をとり，あいまいな喪失理論と事例の見立て，支援方法について教授してくださいました。

　その年の11〜12月，ボス博士は，ご主人の病気や博士自身の年齢的な心配がありながらも来日し，福島，宮城両県で講演会や事例検討会を実施してくださいました。それ以降も毎年，福島大学の生島浩先生をはじめ，たくさんの被災地の方のご支援をいただきながら，あいまいな喪失の事例検討会を

ボス博士のコンサルテーションのもとで開催させていただきました。

　ボス博士には，事例検討会開催のたびに，いつも多大なご支援をいただいています。まず，事例検討会にあたってボス博士は，その事例ごとに日本の文化や支援体制を丁寧に確認したうえで，コンサルテーションをしてくださいました。当初は，事例検討会の会場でボス博士とスカイプ中継し，ライブでコンサルテーションを受けていました。日本とアメリカの時差の関係もあり，コンサルテーションが終了したときには，ミネソタでは深夜に近い時間になっていることもありました。音声や映像の乱れを最小限にするために，アメリカ側では専門の技術者がいるスタジオを確保するなど，いつもボス博士はできるかぎり完璧な状況で，コンサルテーションに臨んでくださいました。2016年以降は，編者らが独り立ちできるようにとのご配慮もあり，事前にコンサルテーションを受け，事例検討会当日はそのまとめた内容を説明するという形になりました。なお，事例検討会における通訳，翻訳については，小笠原知子氏（金沢大学），辻井弘美氏（国立成育医療研究センター）にご協力をいただきました。ボス博士は，ときには厳しく，そして温かく編者らを見守ってくださっています。そのようにして，これまで多くのことをボス博士から学ばせていただきました。これらの蓄積をできるだけ多くの人に伝えていきたいという思いが，本書の出版につながりました。

　いまだ東日本大震災の爪痕は大きく残り，とくに福島県での東京電力第一原子力発電所事故（以下，福島第一原発事故）によって住み慣れた故郷が一変してしまった状況は，まさにボス博士が指摘する終わりの見出せない物語です。人々の多くは，困難にぶつかったとき，問題を解決することでストレスを緩和させようとします。ボス博士の考え方は，問題の解決をゴールにするのではなく，未解決であっても穏やかな人生を送れるように，レジリエンス（「困難な状況下でも健康を保つことができる力」pp.16-17）を高めていくという点にあります。道は，一本だけではありません。例えば，震災前の家を忘れなければ，今の家に愛着がもてないのではなく，以前の家に気持ちを残しつつ現在の家にも愛情をもつ方法を，ボス博士は提案しています。本書に頻出する「AでもありBでもあり」という考え方です。本書で紹介するボス博士が提唱するあいまいな喪失理論と支援方法は，編者らにとっては，

まさに「目から鱗」のようなものでした。ボス博士が提案する「あいまいな喪失」というレンズを通して見ることで，混沌としたものがすっきりと見えてきます。

「あいまいな喪失」とは，喪失のタイプを表しています。決して病名ではありません。今起こっている混沌とした終わりのない喪失に名前をつけるとしたら，「あいまいな喪失」とネーミングできるかもしれません。そうすることで，その喪失への向き合い方が見えてきます。

ボス博士の理論を広めたいという思いから，本書の編者でもある中島聡美，石井千賀子が監訳し，博士の著書『あいまいな喪失とトラウマからの回復——家族とコミュニティのレジリエンス』を2015年に出版しました。この本は，心理や精神保健領域などの専門家向けの翻訳書です。しかし本書は，専門家の方々だけではなく，あいまいな喪失に苦しむ方たちを支援している人，これから支援をしたいと考えている人，あるいは災害時に活躍するボランティアの方にも活用していただきたいと考えています。本書に出てくる支援者とは，専門家も含めたすべての支援者を対象としています。

第1章は，あいまいな喪失理論について，死別による喪失とどのように異なるのか，複雑性悲嘆やPTSDとの違いについても触れながら，できるだけわかりやすく解説することに努めました。第2章では，あいまいな喪失は家族療法に基づいた理論であるため，家族療法とあいまいな喪失について説明します。第3章は，子どもが抱えるあいまいな喪失について述べます。東日本大震災によって子どもたちが体験しているあいまいな喪失について，理解していただきたいと思います。第4章は，あいまいな喪失に向き合う3組の家族を紹介します。事例を通して，あいまいな喪失について具体的に理解を深めていただきます。第5章は，支援者自身があいまいな喪失にどのように向き合えばよいのかを例示しています。あいまいな喪失をもつ人を支援しようとする場合，支援者自身があいまいさに耐えうる力や，自分自身をケアする力を養っておく必要があります。

また，本書には，実際にあいまいな喪失に向き合う人たちを支援する方や研究者，そして当事者の方のコラムがちりばめられています。とくに，東日本大震災で最前線に立って支援にあたっておられる方にも，コラムを書いて

いただきました。コラムを通して，あいまいな喪失に向き合う人と，支援者の実践や苦悩に触れていただく機会になれば幸いです。

　最後に，あいまいな喪失理論は非常に奥が深く，毎年ボス博士からコンサルテーションを受けている筆者らも，毎回新たな気づきを得ています。本書1冊であいまいな喪失理論のすべてをお伝えすることは難しいかと思いますが，基礎編の書として，本書があいまいな喪失に向き合う人とその支援者の方たちの一助になることを願っています。

　本書の出版にあたり，ご尽力をいただいたボス博士，柳田邦男先生，誠信書房の中澤美穂さん，曽我翔太さんに厚く感謝申し上げます。

　また，あいまいな喪失事例検討会開催にあたり，多くの方や関係機関からご支援を賜りました。特に，日本家族療法学会およびふくしま被害者支援センターからは継続的に助成をいただきました。この場をお借りし厚く御礼申し上げます。

　なお，あいまいな喪失に関する研究は，科学研究費基盤B（24330183）「東日本大震災における遺族への心理社会的支援プログラムの開発と検証に関する研究」，科学研究費基盤B（15H03443）「東日本大震災後の喪失悲嘆に対する中長期の心理社会的支援プログラムの開発と検証」の一部として行われました。

　　2019年1月

　　　　　　　　　　　　　　　　　　　　　　　　編者を代表して
　　　　　　　　　　　　　　　　　　　　　　　　　　黒川雅代子

目　次

読者の皆様へ ………………………………………………………………… i
序文――危機のなかにおける人間再生の道標 …………………………… v
はじめに …………………………………………………………………… xv

第1章　あいまいな喪失と悲嘆の概念と理論 …………………… 1

1　喪失と悲嘆　1
　1)　悲嘆反応とは？　1
　2)　精神疾患としての悲嘆――複雑性悲嘆，持続性死別障害，遷延性悲嘆障害　5
2　あいまいな喪失の概念と理論　6
　1)　あいまいな喪失とは　6
　2)　あいまいな喪失の特徴　10
　3)　あいまいな喪失と悲嘆反応，PTSD との違い　11
3　あいまいな喪失の影響　13
　1)　個人への影響　14
　2)　関係性への影響　14
4　あいまいな喪失への支援　16
　1)　あいまいな喪失の支援における重要な前提　16
　2)　レジリエンス　16
　3)　AでもありBでもありという考え方　17
　4)　あいまいな喪失に対応するための6つのガイドライン　18
5　まとめ　27
コラム1　あいまいな喪失と家族――精神障害の場合　29

コラム2　地域の回復のために大切なこと　*31*

第2章　家族療法とあいまいな喪失 ……………………… *33*

1　はじめに　*33*
2　家族の視点からあいまいな喪失をとらえる　*34*
3　ジェノグラム　*35*
4　家族全体を視野にいれた4ステップ支援　*36*
5　事例1――母親が行方不明の家族　*38*
　1）事例1の概要　*38*
　2）支援の手順　*39*
　3）事例1の支援の振り返り　*45*
6　事例2――避難生活を送る家族　*47*
　1）事例2の概要　*47*
　2）支援の手順　*48*
　3）事例2の支援の振り返り　*56*
7　まとめ　*57*
コラム3　"あいまいさ"の使い勝手　*58*
コラム4　ボス博士「あいまいな喪失は，あいまいなままでいい！」のシステム論的な一理解　*61*

第3章　子どものあいまいな喪失 ……………………… *63*

1　災害後の環境の変化と子どもたちへの影響　*63*
　1）生活環境の変化　*64*
　2）経済的変化　*65*
　3）家族関係の変化　*66*
　4）東日本大震災後に被災地の子どもたちに起こったこと　*67*
2　子どもの死別体験（確実な喪失）とグリーフ　*68*
　1）発達段階から見る死別体験　*68*

2）発達段階における子どものグリーフ　69
   3）子どものグリーフの歩み　70
  3　子どもの「あいまいな喪失」とその支援　72
   1）「家族が行方不明」という体験のなかで引き起こされる状況　73
   2）あいまいな喪失を抱える子どもに関わる支援者の姿勢　74
  4　家族を見る視点——震災によってあいまいな喪失を経験した事例　77
   1）事例の概要——父親が行方不明になった小学生の姉弟　77
   2）家族を見る視点　79
   3）支援の方法　82
  5　まとめ　84
 コラム5　あいまいな存在　85
 コラム6　死別を生きる子どもたち　87
 コラム7　学校支援を通して見る，子どもの「あいまいな喪失」　90

第4章　あいまいな喪失とレジリエンス　92

  1　あいまいな喪失とレジリエンス　92
  2　義理の父の死，夫が行方不明の香織さん　93
   1）震災当日　93
   2）行方不明のままの死亡届　94
   3）あいまいな喪失と現実　95
   4）家族で大切にしていること　97
   5）レジリエンス　97
  3　福島第一原発事故により故郷を失っている文子さん　99
   1）震災当日　99
   2）震災以降の家族の生活の変化　99
   3）震災以降やめてしまった家族の行事　101
   4）家族のなかで触れないようにしていること　102
   5）文子さんにとっての終わりのない物語　102
   6）震災と子どもたち　102

7） あいまいな喪失とレジリエンス　*103*
　　8） 歴史の喪失と町のレジリエンス　*104*
　4　夫と母親が認知症の真紀子さん　*105*
　　1） 夫の武さんが認知症に　*105*
　　2） 認知症が進行していく夫に対して　*106*
　　3） 夫の介護を続けるための選択　*106*
　　4） 母親の認知症に向き合って　*107*
　　5） 以前の母親の喪失　*108*
　　6） 親子の関係性とアイデンティティの揺らぎ　*108*
　　7） 母親の介護を続けるための選択　*109*
　　8） あいまいな喪失とレジリエンス　*109*
　5　3組の家族を通して考えるあいまいな喪失　*110*
　　1） 香織さんたち家族のレジリエンス　*110*
　　2） 文子さんたち家族のレジリエンス　*112*
　　3） 真紀子さんのレジリエンス　*114*
コラム8　記者として，家族として　*116*
コラム9　認知症と「あいまいな喪失」　*119*
コラム10　家族の色　*122*

第5章　あいまいな喪失を支援する人のケア　*126*

　1　はじめに　*126*
　2　支援する人に生じる問題と危険な兆候　*127*
　3　支援する人のレジリエンス　*130*
　　1） 支援する人のレジリエンス　*130*
　　2） 支援する人に必要な力　*131*
　4　支援者が自分自身を守る方策　*135*
　　1） セルフケアの重要性　*135*
　　2） 具体的なセルフケアの方法　*136*
　5　あいまいな喪失を支援する人へのトレーニング　*139*

1) 自分自身を振り返るトレーニング　*140*
    2) ニューヨーク同時多発テロにおける支援者トレーニング　*142*
  6　被災地での「あいまいな喪失事例検討会」を通して　*143*
  7　レジリエンスの糸口を求めて　*145*
コラム 11　なぜ，この仕事をしているのか，ここで働いているのか　*147*
コラム 12　あいまいな喪失の悲しみを支える治療者として　*149*
コラム 13　JDGS（Japan Disaster Grief Support）プロジェクトとあいまいな喪失　*151*

おわりに……………………………………………………………………*153*
文　　献……………………………………………………………………*155*
索　　引……………………………………………………………………*160*

第1章

あいまいな喪失と悲嘆の概念と理論

中島聡美

1 喪失と悲嘆

　本章では，あいまいな喪失の概念と理論について説明します。
　あいまいな喪失とは，喪失しているかどうかがはっきりしない不確実な喪失であり，その終結でさえわからないものです。代表的なものとして，災害や犯罪で行方不明になった場合が挙げられます。このあいまいな喪失は，あいまいではない喪失（とくに死別）の場合とは少し異なった影響を人々に与えます。例えば，大切な人を失った場合の多くでは，遺された人はその人がいなくなったことを嘆き悲しむ状態，すなわち悲嘆を経験します。しかし，あいまいな喪失を経験している人は，このような典型的な悲嘆反応を見せない場合が多いのです。
　このようなあいまいな喪失を理解するためには，"あいまいな喪失"と"あいまいではない喪失"が，どのように違うのかを理解することが必要です。本章ではまず，あいまいではない喪失とそれによる悲嘆反応について説明し，その後，あいまいな喪失について解説します。

1）悲嘆反応とは？

　人生にはさまざまな別れ（喪失）があります。「『サヨナラ』ダケガ人生ダ」という有名な言葉は，中国の詩人于武陵の「勧酒」の一節を井伏鱒二（1994）が訳したものですが，これが多くの人の胸に響くのは，実際に多くの別れと

1

その寂しさを経験するからでしょう。別れが悲しいのは，私たちがそれを「喪(うしな)った」と感じ，二度と取り戻すことができないという喪失感を感じるためです。その対象が，自分にとって重要であればあるほど，喪失の痛みはつらく悲しいものとなります。

「悲嘆（grief）」は，喪失に対する心や体の反応を伴う情緒的反応であり，本来は正常なものであり，時間の経過とともに悲嘆の強さは軽減し，日常生活を取り戻せるようになると考えられています。このような悲嘆の経過は，「喪（mourning）」あるいは「喪の仕事（mourning work）」と呼ばれます(Freud, 1917; Worden, 2008)。

大切な人を失ったときには，多くの人が悲嘆を経験します。ここでいう大切な人とは深い情緒的な絆を有する人であり，代表的な対象は，愛着関係にある人といえます。「愛着（attachment）」という概念は，発達心理学のなかで発展してきたものであり，本来は生物学的な意味での絆を指していましたが，一般的には，もう少し広い意味，すなわち深い心の絆がある関係を指します。

悲嘆が愛着対象の喪失に対する反応であるという理論は，母子関係の理論で有名なボウルビイ（Bowlby, J.）が提唱したものです。ボウルビイは，乳幼児が最初の愛着対象（通常母親）を失ったときに見せる反応，例えば母親を取り戻そうとして泣き叫ぶ，探し求めるなど抗議的な行動をとり，母親を切望し続けるが，それがなかなか叶わないと次第に絶望的になり，最後には無感動で内閉的になってしまうなどといった反応が，成人が配偶者など大切な人を失った場合に見せる反応と類似していることから，悲嘆反応は愛着対象を喪失した場合に発生すると述べました（Bowlby, 1982）。

ボウルビイは，愛着対象の存在は，生命が脅かされるような危機的な状況下で，その対象に接近することで不安を軽減し，安心や慰めを得られるという，いわば「安全基地」としての心理的な役割があると述べています。この安全基地である愛着対象は，成長するにつれて心のなかに表象として定着し，自分の心の構造の一部になるのです。それだけなく，人はこの安全基地の存在を前提として，社会や他者と関わったり，身体の神経系やホルモンのバランスを保ったりすることができるのです。

したがって，愛着対象を失うことは，心理的，社会的，生物学的なレベルでの深刻な影響を意味します。そして，あたかも自分の一部も失われたような気持ちになるのです。そのことによって，自分が何者であるかというアイデンティティや，社会や他者との関わりをどのように結ぶかについての混乱を生じ，生きる意味や未来への希望など，人生の方向性にも影響を与えるようになります。つまり，愛着理論から見た死別体験は，不安や悲しみというだけでなく，社会との関わりや自己感覚，人生観など，深いレベルに影響を与える出来事であるといえます。そのような背景からか，ボウルビイは，愛する人（愛着対象）の喪失について，「人間に襲いかかる最も悲惨な経験のひとつ」(Bowlby, 1982) と述べています。

　悲嘆反応は，このような愛着対象の喪失によって引き起こされる反応です。ですから，悲嘆反応の中核は，その対象を取り戻したいという嘆き求め，すなわち切望です。亡くなった人のことがいつも頭のなかから離れず，その死の状況（苦しかったのではないかなど）や，その人がいたときのこと，その人がいたらどうだっただろうか，ということばかり思いめぐらすようになります。このように故人のことにとらわれていると，それ以外の家族のことや現実社会で起こっていることに関心がなくなってしまいます。また，嘆き求めるあまりに，実際に故人を探し求めるというような反応も見られるのです。故人に似た人をたえず探したり，似ている人がいると故人ではないかと思い，追いかけてしまったりもします。その一方で，現実には故人は存在しないので，激しい悲しみを感じます。

　遺された人は，この発作的な悲しみの苦痛を避けようとして，死を否認したり，故人（とくにその不在）を思い出させるものや，死を思い起こさせるものを避けるようになります。故人の写真を見ることができなかったり，故人のお墓に行けない，故人の部屋に入ったり遺品を触ることができないなどの，避ける行動をとるのです。このように，故人を（生きている対象として）取り戻したいという欲求と，喪失に直面することは避けたいという回避の行動の両方が見られることが，悲嘆反応の特徴です。死の事実を避けようとするために，人に聞かれたり説明をすることを避けるようになったり，あるいは，家族のいる人々を見ることが自分の大切な人の不在を強く感じさせるこ

とから，人に会うことを避けるようになります。そのため，他者との関わりを断って，ひきこもりがちになることも往々にして見られます。逆に，亡くなった人や亡くなったということを避けるために，仕事や家事などに，過剰に没頭しようとする行動も見られます。

また，自分の一部が失われたような感覚や，自分の価値や役割についての混乱，他者と関わることへの不安や不信などの社会的な反応も生じます。

このように悲嘆反応は，感情，認知，行動，身体面におけるさまざまな反応が含まれます（表 1-1）。

表 1-1 感情，認知，行動，身体面における悲嘆反応
（Worden, 2008; Stroebe et al., 2007 を参考に作成）

感 情	認 知	行 動	身 体
・悲しみ ・不安，将来や死への恐怖 ・怒り，敵意，いらだち ・消耗感 ・ショック・衝撃 ・切望・思慕 ・解放感・安堵感 ・ショック・感情の麻痺 ・混乱	・死を信じられない ・故人へのとらわれ ・故人に対する無意識の反芻 ・故人がいるという感覚 ・幻覚（故人の姿が見えたり，声が聞こえたりする） ・無力感，絶望感 ・孤独感，孤立無援感 ・罪悪感，自責の念 ・自殺念慮 ・記憶力や集中力の低下	・うわの空の行動 ・社会的引きこもり ・故人の夢を見る ・故人を思い出すものを回避する ・探し求める，名前を呼ぶ ・溜息をつく ・休みなく動き続ける ・泣く ・ゆかりの地を訪れたり，思い出の品を持ち歩く ・故人の所有物を宝物にする	・睡眠障害 ・食欲の障害 ・焦燥感，緊張，落ち着かなさ ・疲労，活力のなさ ・おなかが空っぽな感じ ・胸の締めつけ ・喉のつかえ ・音への過敏さ ・離人感 ・息苦しさ ・口渇 ・故人と同じ身体症状 ・免疫や内分泌機能の変化・病気のかかりやすさ

2) 精神疾患としての悲嘆——複雑性悲嘆，持続性死別障害，遷延性悲嘆障害

愛する人を失った悲嘆の苦痛は激しいものですが，通常はさまざまなプロセスを経て，遺族は次第に生活を営めるようになっていきます。しかし，一部の遺族では，時間がたっても悲嘆反応が軽減せず，そのことが日常生活や社会生活の妨げとなっている場合があります。そのような悲嘆の代表的なものとして，複雑性悲嘆（complicated grief）が挙げられます。複雑性悲嘆は，身体健康（Prigerson et al., 1997）やうつなどの精神健康（Boelen & Prigerson, 2007; Prigerson et al., 1997），QOL（quality of life，生活の質）の低下（Boelen & Prigerson, 2007; Silverman et al., 2000），自殺行動のリスクの上昇（Boelen & Prigerson, 2007）に関連しているといわれています。アメリカ精神医学会による精神疾患の診断基準（DSM-5）では，これらの研究を踏まえて，複雑性悲嘆を「持続性複雑死別障害（persistent complex bereavement disorder，以下 PCBD）」の名称で，心的外傷およびストレス因関連障害群として位置づけました。しかし，診断基準は今後の研究のための病態として取り上げられており，研究者らの見解の相違もあって，臨床的に使用できる基準とはなりませんでした。

2018 年に，WHO がまとめている疾患の概念・診断基準（ICD-11）が公表されましたが，ここでは，prolonged grief disorder（遷延性悲嘆障害，以下 PGD，訳は筆者による）の呼称で，ストレス関連疾患のなかで精神疾患として位置づけています（コード 6B42）。PGD のこの基準は，いくつかの点で DSM-5 の PCBD と異なっていますが，とくに重要なのはその持続期間です。PCBD 診断にあたっての症状の持続は 12 カ月と提唱されていますが，PGD では 6 カ月です。

このような，診断基準の混乱がある現状ですが，従来の複雑性悲嘆の概念に基づいた治療研究が積み重ねられてきました。複雑性悲嘆の精神療法についてのメタ分析（Wittouck et al., 2011）では，複雑性悲嘆に焦点を当てた認知行動療法の有効性が報告されています。

今まで述べてきたように，悲嘆反応は，死という永続的で不可避な，かつ

社会的にも認知される出来事に対して喪失を認知するところから発生する反応です。このように明確な喪失であっても，愛する人の死は受け入れがたいものです．とくに突然死の遺族では，死を認めたくない気持ちと，現実を受け入れなくてはならない気持ちの葛藤が生じ，複雑性悲嘆（あるいはPCBD, PGD）のような病態に至る場合があります。ただし，この場合は，死は明確な事実として存在することから，治療では，遺族が死を受け入れ，故人のいない生活に適応できるように助けることが可能です。しかし，東日本大震災における津波で行方不明になった場合ではどうでしょうか。遺体が存在しないため死を断定することはできず，死として受け入れることは困難です。家族は，たとえ万に一つでも生存を信じる気持ちを捨てることができないでしょう。このような場合，悲嘆は典型的な形では経過しません。したがって，死の受容を前提とした悲嘆の治療は，有効ではないと考えられます。

このような喪失に対して，悲嘆理論とは別の理論としてボス博士（Boss, 1999/2005）が提示したのが，「あいまいな喪失（ambiguous loss）」理論です。以下に，あいまいな喪失の概念と理論，および介入のガイドラインについてまとめました。

2 あいまいな喪失の概念と理論[*1]

1） あいまいな喪失とは

あいまいな喪失とは，「はっきりしないまま，解決することも，終結することもない喪失」です（Boss, 1999/2005）。このあいまいな喪失には，2つのタイプがあります。1つは，「心理的には存在しているが，身体的（物理的）には存在していない状態」（タイプ1）であり，「さよならのない別れ」と呼ぶことができます。もう1つは，「身体的（物理的）には存在しているが，心

[*1] あいまいな喪失における理論は，成書（Boss, 2006/2015）およびボス博士が来日した際の研修会のスライドをもとに執筆しました。

表 1-2　あいまいな喪失の 2 つのタイプ (Boss, 2006/2015, p. 12, 図 1 を改変)

タイプ 1	タイプ 2
身体的（物理的）には存在していないが，心理的には存在している状況〈さよならのない別れ〉	身体的（物理的）には存在しているが，心理的には存在していない状況〈別れのないさよなら〉
悲惨な，予期されないような出来事	
・（災害，犯罪，戦争などによる）行方不明 ・誘拐，人質 ・監禁 ・不可解な失踪 ・身体が見つからない状況（津波，飛行機事故など）	・認知症やその他の脳機能障害をもたらす疾患 ・認知や人格の変容を伴う脳の外傷 ・アルコールや薬物などの物質依存 ・慢性で人格や認知機能の変化を伴う精神障害（統合失調症や重度のうつ病） ・昏睡や意識不明の状態
より一般的にみられる状況	
・移住 ・子どもを養子に出すこと ・子どもが養子に出されること ・離婚で実の親と子どもが別れること ・青年が実家を離れて自立すること ・配偶者や親がケア施設へ入所すること　　　　　　　　　　　　　　　　　　　　　　など	・ワーカホリック ・ゲームなどへの耽溺　　　　　　　　　　　　　　　　　　　　　　など

理的には存在していない場合」（タイプ2）であり，「別れのないさよなら」といえます。この2つのタイプの詳細を表1-2にまとめます。

(1)　タイプ 1：「心理的には存在しているが，身体的（物理的）には存在していない状態」

　このタイプの喪失は，例えば，家族が行方不明になることや，家出などで失踪することが該当します。人々が明確な別れ（さよなら）を言えないまま，その存在が失われている状況（さよならのない別れ）です。東日本大震災で家族が津波にさらわれ，その後その存在が確認できないような状態は，まさにこの「タイプ1」に該当します。また，おそらくは亡くなっていると思われるが，遺体が確認できない状況，例えば2001年に起きたニューヨーク同時多発テロによるビルの崩壊や，航空機の墜落事故によって遺体が見つから

ない場合もそうです。このように，その人の存在は確認できないのですが，死の確証がないために，もしかしたら生存しているかもしれないという可能性を否定することができず，心のなかでは行方がわからなくなる前のままに，その存在が位置づけられているような状態です。

　このような喪失は，人の場合だけではありません。故郷が戦闘に巻き込まれるなどによって移民になってしまった場合や，福島第一原発事故によって避難したまま帰ることができない場合も同様です。この場合，元の地域に帰ることが非常に困難です。そして，はたして帰ることができるかどうかは不明であり，まさに終結が見えない状態なのです。しかし，土地そのものは存在しているために，人々はそこに帰れるかもしれないという望みをもち続けるようになります。

　また，このあいまいな喪失そのものにも，さまざまなレベルがあります。1つは深刻さの違いであり，もう1つはあいまいさの程度の違いです。深刻さという点では，前述したように戦争や自然災害，犯罪被害（誘拐，遺体の見つからない殺人）のような，非日常的で悲惨な出来事による行方不明の場合もあれば，移民や転勤，離婚，子どもの自立など，より一般的な出来事まで幅広くあります。またあいまいさの程度という点では，以下のようなことがいえます。離婚で父親と離れた場合では，家庭ではもうお父さんの存在はありません。しかし，子どもの心のなかでは，父親として存在し続けています。また，父親は生きており，まったく会えないわけではありませんし，時には共に過ごすこともあります。生物学的な意味では父親ですから，行方不明のようにまったく存在が失われている状況ではありません。このような場合，子どもによって父親の存在の不確かさの度合いは異なるといえます。

(2)　タイプ2：「身体的（物理的）には存在しているが，心理的には存在していない場合」

　「タイプ2」は，その人の身体的なレベルでは存在しているものの，心理的（感情的，認知的レベル）に失われている状態を指します。代表的なものが，アルコールなどの薬物依存や，認知症，頭部外傷，意識不明などによって，その人と意思の疎通ができなくなったり，それ以前とは人格が変わって

しまうような状態です。この場合には，家族にとってはもう別の存在となっており，以前のその人はすでに失われていますが，肉体的にはその人のままであるために，客観的な喪失として認められることがないため「別れのないさよなら」ということができます。

　このタイプの喪失においても，認知症などの深刻な出来事だけでなく，例えば家にほとんど帰らなかったり，あるいは家にいても寝ているだけになってしまっているようなワーカホリックの親の家庭など，一般的な状況も含まれます。厚生労働省（2017）の報告では，2012年度の時点で認知症の高齢者は426万人であり，65歳以上の人口の7人に1人が該当すると報告されていますから，「タイプ2」のあいまいな喪失はより一般的であり，多くの人が経験する可能性があるといえます。

　この2つのタイプのあいまいな喪失は，しばしば同時に経験されます。片親が行方不明の家庭の子どもは，両方の親の喪失を経験することがあります。父親が津波で行方不明の家庭では，母親が父親のことに頭がとらわれてしまったり，あるいは家庭を支えることに没頭せざるを得ないような状況があり，母親の役割を果たすことが困難になります。そのような状況では，子どもは父親だけでなく，母親も失ったと感じるかもしれません。

　また，同じ状況でも，受けとめ方によってタイプ1になったりタイプ2になったりします。前述した福島第一原発事故でいえば，帰還の見通しが立たず避難前の故郷や家を想い続けて新しい環境に目が向かない場合はタイプ1となります。しかし，帰還が可能になったあとでも，故郷がまったく変わってしまったと感じ，そこに戻れない，あるいは馴染めない場合はタイプ2といえるでしょう（タイプ2については第2章を参照してください）。

　このあいまいな喪失の理論の提唱者であるボス博士は，1970年代に，ベトナムやラオスの戦闘によって行方不明になった兵士の家族に対する研究（Boss, 1977）をきっかけに，その後の家族療法の現場における経験から，この理論が発展してきたと述べています。ボス博士は当初，行方不明者家族に対しては，亡くなったかどうかについてのあいまいさを取り除くことが治療的だと考えていました。しかし，実際にはそれは不可能であり，この問題へ

の正しいアプローチは，あいまいさとともに人々がより良く生きられるようにすることではないかと気づきました（Boss, 2006/2015）。

　また同じく 1970 年代に，ボス博士はウィスコンシン大学マディソン校の家族療法クリニックで研修を受けていましたが，そこを訪れる家族には父親の心理的不在が共通して見られることに気づきました。父親はそこに存在してはいますが，心理的には不在になっていたのです。ボス博士は行方不明とは異なる形の不確実な喪失が存在することに気づき，これらの理論を発展させ，1975 年より「あいまいな喪失」の呼称を用いるようになりました。

2）あいまいな喪失の特徴

　あいまいな喪失は，その喪失を確証できない喪失です。行方不明の場合，生存あるいは遺体が見つからないかぎり，生死を客観的に証明することは不可能です。また，認知症のような場合では，その人の身体は生きているために，やはり客観的には喪失とは見なされないでしょう。

　もう 1 つの特徴は，終結が不確実であるということです。その状態にいつ結論が出るのか，解決するのかは誰にもわかりません。行方不明者は見つかるかどうかわからず，認知症は治るという期待をもつことが難しい問題です。しばしば，生涯にわたってこのあいまいな状態は持続し，家族がその存在を求め続けるようなことも起こります。

　また，愛する人だけでなく，ペット，家屋や畑，住み慣れた土地などの対象物や，自分の生き方や生きる方向などの抽象的なものをなくした場合も含まれます。ここには，自然災害で家を失ったり，福島第一原発事故の被災者のように，故郷から長期に避難を強いられるような場合が該当します。

　あいまいな喪失で失われるものは，その人にとって愛着の対象となっているものであり，多くの場合でそれはその人との「関係性」に根差しています。家族のなかでも，失われているその人との関係性によって，喪失の意味や程度は違います。より深い関係性をもっている場合に，喪失は深刻になります。このように，関係性の視点で見ることは，ボス博士が家族社会心理学の専門家であることが影響しています。あとで述べますが，あいまいな喪失の支援

や治療は個人のレベルでは困難であり，家族やコミュニティのアプローチが必要とされるものですから，関係性という視点はきわめて重要なのです。

ボス博士はあいまいな喪失を考えるうえで重要なこととして，以下の5点を挙げています[*2]。

(1) 「あいまいさ」は，悲嘆が正常に進むことを妨げる。
(2) 「あいまいさ」は，トラウマ反応を引き起こす場合がある。
(3) 支援は，ストレスやレジリエンスに焦点を当てることが重要である。
(4) 心理の専門家は，自分たちがどれくらい「あいまいさ」や「不確実さ」に耐えられるかに応じて，あいまいな喪失に苦しむ人々に支援を行うことができる。
(5) その人の背景にある文化は，「あいまいな喪失」の意味づけやとらえ方に影響を与える。

この前提は，あいまいな喪失の影響と，あいまいな喪失に対してどのような支援が有効であるかについての，基盤をなすものです。

3）あいまいな喪失と悲嘆反応，PTSD との違い

悲嘆は，喪失を認知したことによって生じる反応です。とくに死別は，家族もその人が生存していないことをはっきりとわかっており，公的にも認知されている状況です。その喪失が永続的でありもはや取り戻せないという事実を，人々は受け入れがたく思い，嘆き悲しみますが，結局，その事実を受け入れて新たな生活を再建するという，悲嘆のプロセスをたどります。一方，あいまいな喪失には，客観的に喪失を確認することができず，取り戻せるかもしれないという可能性が残っています。そのため，人々は取り戻せないという絶望を抱くことがない一方，その存在を探し求め続けることになるので

[*2] この理論的前提は，ボス博士が来日した際に研修会で使用した資料から引用しました。

す。この状況では，悲嘆は不在を嘆く段階で止まってしまいますし，まったく喪失を受け入れない人にとっては，悲嘆は生じないということになります。ボス博士は，あいまいな喪失は悲嘆を凍結したり，抑うつのような病理的反応をもたらすという意味において，悲嘆を複雑化させると述べています。しかし，ここで重要なのは，このような悲嘆が複雑化した状態は，個人の病理性に基づくものではなく，"あいまいな喪失"という外的状況によって引き起こされるものであるということです。

　また，あいまいな喪失は，心的外傷後ストレス障害（posttraumatic stress disorder，以下 PTSD）とも異なります。そもそもあいまいな喪失は，疾患ではなく，ひとつの状態です。それとは異なり，PTSD は精神障害であり，個人の病理であることから，薬物療法も含む医学的治療が必要なものです。あいまいな喪失は精神疾患ではないので，このような個別の精神的な"治療"の対象ではなく，またそのような治療によって解決される問題ではないと言えます。しかし，あいまいな喪失そのものは，きわめて深刻な心理的影響を与えるものであり，トラウマ的な要素をもちます。ここでのトラウマは，狭義のトラウマ，すなわち生命の危機を伴うような恐怖を引き起こす出来事によって心的外傷をこうむった状態ではなく，「心に深い傷を与える」という広義の意味です。

　ボス博士は，あいまいな喪失は本質的にトラウマ的であると述べています。それは，この状況を変えることができないからであり，そのため人々は強い心理的苦痛を感じ，混乱し，ショックを受け，それが長期に持続するからです。また，抑うつなどの精神反応や機能の障害があるとしても，それは個人の内因的な問題に由来するのではなく，あいまいな喪失や，トラウマ的な出来事などの外的な要因によって生じるということも，PTSD と共通しています。一般に喪失が完全でないということは，その存在に一縷の望みがあるだろうと思われたり，また認知症のような状態では，そこにその人が存在していることから，完全な喪失よりもその影響は軽いと周囲は考えがちですが，実際には，心に深刻な影響を与える出来事です。

　このあいまいさが心理的苦痛を生む理由は，私たちがもっている公正世界の信念という前提が影響しています。ボス博士は，とくに世界に対する支配

感がストレスを生み出すと述べています（Boss, 1999/2005）。

>「我々は，世界は，努力が必ず報われる公正で論理的な場であると想定しているので，我々が自らの運命を支配することができると信じている。良いことは，善良でよく働く人々に起こるのであり，そして，逆に，我々が何か悪いことをするか，あるいは十分な努力を怠った場合に限り，悪いことが起きるであろうというものである。人々が曖昧な喪失のような解くことのできない問題に直面するとき，この哲学が多くのストレスをもたらすのである」
>
> （Boss, 1999/ 邦訳 p. 22）

3 あいまいな喪失の影響 (Boss, 2016)

　あいまいな喪失は，個人，家族，コミュニティのさまざまなレベルに影響を与えますが，最も特徴的なことは，さまざまな機能を停止させる（immobilize）ということでしょう。とくに，喪失を前提とした新たな取り組みや意思決定ができないために，人生や活動を前に進めることができなくなります。さまざまなことに対しても，その人がいたときのように対処することが求められるため，そのことができなくなったりします。

　そういったことはしばしば家族の行事で見られます。例えば，アメリカでは，クリスマスに七面鳥を家長（父親）が切り分けるという習慣がありますが，その父親が行方不明になったときに，誰かが代わりにそれを行うことは，父親の存在をないがしろにするような罪悪感が生じます。そのため，その家族は，クリスマスに七面鳥を食べないようにしたり，ときにはクリスマスに家族が集まること自体をやめてしまうこともあるかもしれません。

　このように，あいまいな喪失状況にある個人や組織は，いなくなった人がいる状態，いわば過去の状態を維持しなければならないと考えるために，現実や未来に新しく対処するということが困難になるのです。

1) 個人への影響

あいまいな喪失を経験している人は，その問題が解決できず，長期に持続することによるストレスによって，さまざまな心身の症状が現れます。悲嘆が凍結したり，複雑化することのほか，ストレス反応として不安や抑うつが生じる場合もあります。その問題を解決できないために，人々が罪悪感や無力感に襲われることもあります。その無力感は自分の評価を引き下げ，あいまいな喪失の問題だけでなく，その他の自分や家族の課題へも波及することがあります。例えば，自分は親として機能していないと思ったり，転居や就労などの新しい状況に直面した場合でも，自分には無理だと感じて踏み出せないということも生じます。

問題を解決できないことは，この困難な状態が永遠に続くのではないかという絶望感を生じさせ，ときに自傷行為や自殺行動，アルコールや薬物の乱用などの自己破壊的な行動に結びつく場合もあるのです。その意味では，あいまいな喪失は精神障害ではありませんが，この状態にある人に対しては，自殺行動や，アルコール・薬物関連障害，うつ病，PTSDなどの精神障害の存在も疑い，その場合には専門的な治療に結びつける必要があります。

2) 関係性への影響

あいまいな喪失は，家族やコミュニティの対人関係にも深刻な影響を与えます。喪失した人の存在を含めて，それまでつくられていた人間関係のバランスがとれなくなると，その関係性が変化したり崩壊したりといったことが起こります。しかし，あいまいな喪失の場合には，そのことを意識できなかったり，表面には現れなかったりする場合があります。それは，いなくなった人の果たしていた役割と，それを誰がどのように補うかということに関係しています。

父親が行方不明となった家庭では，父親が果たしていた役割，例えば家計を支える，しつけをする，大きな決定を下す，家族の心理的支柱になる，町

内会などでの対外的な交渉を行うなどを，誰かが果たさなくてはいけなくなります。しかし，心理的にはその家庭に父親がいまだ存在しているために，その役割を積極的に引き受けることにためらいが生じるのです。家計の問題のような物理的なことは，明らかに誰かが交代するでしょうが，例えば転居のような大きな決定を父親に代わって行うことに，ためらいが生じるのです。しかし，誰かがそれを引き受けなくてはならないときに，そのことがなかなか話し合われず決断が先延ばしにされたり，あるいは決定したとしても，決定するべき人（母親やその他の親戚）ではなく，子どもが引き受けてしまうようなことも起こります。このような意思決定の役割の混乱は，家族の関係性の境界を不明瞭にしてしまい，しばしば子どもが大人の役割を引き受けたりするようになるのです。

　前述したように，その人がいないためにクリスマス，お正月，誕生日のようなお祝いごとや，旅行などの家族の行事はしばしば中止されてしまいます。あいまいに失われている状況について，家族が互いにどのように思っているか語り合うことがありません。そのことが共有されず秘密にされたり，その受けとめ方の違いがときには家族の葛藤を生んだりもします。災害の行方不明者の家庭では，死と受けとめている家族と，生存の希望をもつ家族がいたときに，どのように振る舞うかが異なってきます。例えば，追悼式に参加するかどうかについて，意見が異なることがあるかもしれません。しかし，互いに思っていることをぶつけることがないため，家族間の緊張が高まり，怒りが爆発したり，心を閉ざして話し合わなくなるようなことも起こります。

　コミュニティの関係にも影響が表れます。地域のなかで，自分たちの家庭は普通ではないという気持ちや，家庭の混乱や何か足りなくなっている状況を隠したいなどの理由から，コミュニティのなかでの関わりから遠ざかり，孤立してしまうこともあります。

4 あいまいな喪失への支援

1) あいまいな喪失の支援における重要な前提

　あいまいな喪失への支援を考えるうえで重要なことは，あいまいな喪失は解決できる問題ではないということです。私たちは，ある問題やそれによるストレス反応が生じているときに，その問題そのものをなくすことをまず考えがちです。うつ病のような精神疾患があり，そのことによって就労や日常生活に支障が生じている場合には，まずうつ病の治療を行い，完治を目指すことになります。

　しかし，あいまいな喪失の場合は，問題そのものを解決することができません。もちろん行方不明者を捜索するというような，解決を目指す行動をとることは可能ですが，あいまいな喪失が問題になる時点でそれらの解決方法はすでに実践されており，そのことがいつ効果を示すかわからない状態になっています。したがって，あいまいな喪失への対処は，あいまいさをなくしたり，その問題を決着させるために，白黒をつけることではありません。例えば，津波で行方不明になっている家族に対して，行方不明者はもう亡くなっているに違いないから，亡くなったと考えるようにしたらどうかと周囲が助言することは，まさにあいまいさをなくそうという方略です。しかし，それは事実と異なるものです。たとえ希望がゼロに近くても，その人の体が見つからないかぎり，生存の可能性を否定することはできないからです。したがって，あいまいな喪失への介入は，このあいまいさに耐えられるレジリエンスを発展させることであり，あいまいさを抱えながらも，より良く生活できるようにすることなのです。

2) レジリエンス（resilience：回復力）

　レジリエンスとは，人に本来的に備わっている，困難な状況下でも健康を

保つことができる力です。レジリエンスの要素にはさまざまなものがありますが，安定した愛着関係や，周囲の人と良好な関係をもち，互いに支え合えることなど，関係性から生まれるものや，自己の肯定感，チャレンジを楽しむ力，楽天性，信仰，ユーモアなどの個人的な要素もあります。

　ボナーノ（Bonanno, 2004）は，レジリエンスを「親しい人の死や，暴力的であったり生命を脅かしたりするような状況などの，孤立と高度の破壊性を秘めた出来事に曝される通常ではない環境において，心理的，身体的な機能を，比較的安定した，健康的なレベルに維持することを可能にする成人の持つ能力」（Boss, 2006/ 邦訳 p.81）と述べています。つまり，それは困難の中にいながらも，たえず再生していく成長力とプラスの感情を伴った健康的な機能であり，あいまいな喪失状況で精神的な健康を保ちながら前向きに生きるうえで必要な力であるといえます。

　ボス博士は，あいまいな喪失状況においては，個人のレジリエンスだけではなく，その家族やコミュニティのレジリエンスを活性化することが重要であると述べています。例えば，家族心理学でいう「心の家族（psychological family）」を用いることは，家族やコミュニティのレジリエンスを示すものでしょう。ボス博士の著書（Boss, 2006/2015）のなかに，親を失った子どもが親代わりとなっている人に「特別な（原文では，名誉あるお父さんの意味で使われている）お父さん」，「特別なお母さん」という称号を与えた介入例が出てきます。このようなシンボルを与えることで，子どもは失った親を大切にしつつも，養育者を新たな家族の一員として迎えることができたのです。このように，血縁ではなく，その人によって家族のような，家族といってよい人を心の家族とすることで，失われた人の役割の一面を補ってもらうことができるのです。

3）AでもありBでもありという考え方（the both/and thinking）

　あいまいな喪失は解決が困難な課題であるため，AとBのどちらかを選択するような二者択一的な思考は有用ではありません。どちらもありうると

いう開かれた考え方をもつことで精神的な緊張が減少します。例えば，前述した親が行方不明の家庭の子どもでは，親の存在はそのままに位置づけ，養育者に対しては新たな称号を与えることで，両者を自分の生活に受け入れることが可能になったのです。もし，親が帰ってくると信じているその子に対して，養育者をお父さん / お母さんと呼ぶように強いていたら（AかBかの二者択一の思考），大きな葛藤を抱かせることになったでしょう。

とくに家族の間で行方不明者に対して見解が異なるときには，家族全体がこのような見方をする必要があります。つまり，亡くなったという考え方をする人がいてもよいし，亡くなっていないという考え方も許容することであり，家族全体としてどちらかに決める必要はないということです。この考え方を適応することで，あいまいな喪失の状況の負担を軽減することができます。

また，認知症の親の介護を続ける人が，自分の生活の楽しみを諦めてしまうことがあります。親がもう動けなくなり生活を楽しむことができないために，自分だけ生活を楽しむことに罪悪感を抱くような場合です。介護と生活を楽しむこととは相反することではないにもかかわらず，「介護が終わらないかぎり生活を楽しんではいけない」というような二者択一的な考えに陥りがちです。しかし，「AでもありBでもあり」という視点で見ると，これは介護と生活のどちらかを選ぶというものではなく，介護をしつつ趣味や楽しみの時間をもってよい，ということなのです。

4) あいまいな喪失に対応するための6つのガイドライン

あいまいな喪失に対しての介入は個人，家族，コミュニティのレジリエンスを高めることですが，そのためには，次の6つのガイドライン（意味を見つける，人生のコントロール感を調整する，アイデンティティを再構築する，両価的な感情を正常なものと見なす，新しい愛着の形を見つける，希望を見出す）を念頭において介入することが役に立ちます（表1-3）。また，このガイドラインは「希望を見出す」で終わるわけではなく，新たな視点で「意味を見つける」ことに取り組んでいく，という円環的なものでもあるのです。

表 1-3　あいまいな喪失への介入の 6 つのガイドライン
（ボス博士が 2012 年に来日した際に研修会で使用した資料より引用）

ガイドライン	役立つこと	妨げとなること
意味を見つける	・状況にあいまいな喪失という名前を与えること ・家族や仲間と出来事については話し合うこと ・A でもあり B でもありという考え方を使うこと ・家族や地域の儀式や行事を行うこと	・復讐への没頭，怒りの持続 ・恥の感覚 ・隠し事 ・孤立 ・殉教を望むこと
人生のコントロール感を調整する	・世の中が公正ではないことを認めること ・自責感を軽減すること ・問題を外在化すること ・自分の内面の修練	・公正世界の信念を保持すること ・自分の状態を恥じること ・自殺によって解決することを考えること
アイデンティティを再構築する	・家族の境界や役割について柔軟になること ・自分自身のとらえ方に柔軟になること	・周囲の人や社会からのひきこもりや孤立 ・固定的な性別や世代の役割義務に固執すること ・レジリエンスを妨げる家族のルール
両価的な感情を正常なものと見なす	・罪悪感や恥，怒りの感情をノーマライズする（行動は正当化しない）こと ・葛藤する感情について専門家に相談すること	・喪失に対して両価的な感情を否認すること ・あいまいな喪失について話すことをタブー視し，家族のルールとすること ・家族やコミュニティに秘密をつくること
新しい愛着の形を見つける	・失われたものが心の中に存在していることと，以前のようではないことを認めること ・今も持っているものを認めること ・新たな人と絆，新たなコミュニティや心の家族を見つけること	・恥の感覚 ・孤独 ・問題の回避 ・終結を求めること

（次頁につづく）

表 1-3　あいまいな喪失への介入の 6 つのガイドライン（つづき）

ガイドライン	役立つこと	妨げとなること
希望を見出す	・あいまいさに対して楽なスタンスをとること ・ユーモア（不条理を笑う） ・公正さや名誉を再定義すること ・新たな選択肢をイメージすること ・思うようでなくても人生に対してある程度やっていけるという感覚をもつこと	・成功やコントロールにこだわること ・怒りにしがみつくこと

(1) 意味を見つける

　行方不明者や認知症の人がいる家族は，最初からこの状態が「あいまいな喪失」であると理解しているわけではありません。多くの場合，何がストレスになっているかもわからない状況です。頭部外傷を負って長期に意識障害となっている家族のいる人は，このように述べていました。「いつも霧の中にいるような感覚で，自分が何者なのかわからなくなっています。また，先に何かを期待して生きるということが困難なのですが，それは何が原因なのかもよくわからないのです」。この不明瞭な状態に無理に理由をつけようとすると，多くの場合，自分や特定の誰かに問題があると考え，責めてしまうようなことが起こります。

　支援者がまず行うべきことは，その家族が抱えている喪失は「あいまいな喪失」であり，このストレスが現在の状態を生み出していると意味づけることです。ボス博士は，意味づけることは，人がその出来事に対して論理的で一貫した理由を見出せるようにすることだと述べています（Boss, 2006/2015）。あいまいな喪失と名づけることで，人は問題を外在化でき，不必要に自分や周囲を責めなくてよくなります。また，自分や家族に今起こっているさまざまな反応を，その問題の影響として理解し，対処することが可能になります。そして，この状態は個人的なものではなく，家族や地域が共有している問題

であることから，互いを批判せず対話できるようになります。

　家族やコミュニティで行われる儀式も，意味を見出すうえで重要な役割を果たすでしょう。ただし，死者に対しては追悼式などの儀式が存在しますが，行方不明者に対して儀式を行うにあたっては，少し工夫がいるかもしれません。例えば，行方不明になっている人のことを弔うのではなく，その人について語り合い生存を祈るというような形をとることもできるでしょう。

　この問題が起こった原因について怒りを感じ，社会的に認められる形で裁くこと（裁判など）は正当なものですが，問題の解決として復讐や殉教的な形で相手や自己を処罰しようとすることは，容認されることではありません。

(2)　人生のコントロール感[*3]を調整する

　人生の問題において自分が解決できる，コントロールできると感じることは自己有用感をもって人生を前向きに生きるうえで重要ですが，あいまいな喪失のように自分では解決できない問題に対して，強すぎるコントロール感をもつことはむしろストレスを増すことになります。このようなコントロール感は「良い人には良い結果があり，悪い人に悪い結果が訪れる」という公正世界の信念と呼ばれる考え方や，「がんばれば問題は解決できる」「自分がこの状況を何とか良い方向にしなくては」といった考えに基づいています。しかし，大切な家族が長期に行方不明になるからといって，その家庭に問題があるわけではなく，その意味において世の中は公正ではないのです。それを受け入れられないと，自分や家族に問題があると責めたり，あるいは，守ってくれない社会に対して理不尽だという怒りを抱えるようになるでしょう。信仰をもつ人は，神が公正でないことに対して不信感を抱く場合もあります。

　しかし，この世の中の出来事には公正でないこともあるということ，また，すべてを自分がコントロールできるわけではないことを受け入れることによって，過剰な怒りや無力感を軽減させ，平静さを取り戻すことができるの

[*3]　ボス博士は"mastery"という用語を用いています。本書では，その訳語として基本的には「コントロール」を当てています。ただし，文脈によっては「支配」と訳している場合もあります。

です。

　コントロール感を和らげるために，ボス博士は治療のなかでナラティブ(語り)の手法をとることを勧めています。語りのなかで，その人の人生のコントロール感や強み，レジリエンス，過去にその人があいまいな喪失にどのように対処してきたかが明らかになります。そのうえで，強すぎるコントロール感の背景にある社会や文化的背景を理解すること，コントロールできないことに対して生じる罪悪感や無力感の原因となる問題を外在化すること，自責感を軽減すること，成功体験や他者とのつながりなど肯定的な体験を増やすことを，支援として行っていきます。また，外的な問題を支配するのではなく，むしろ内的な自己存在に対してのコントロール感を強化することも可能です。そのためには，瞑想やマインドフルネスなどが役に立つかもしれません。

(3)　アイデンティティを再構築する

　アイデンティティは，人や社会との関係性において形成されるものです。したがって，愛着対象の喪失はアイデンティティの混乱を招きます。とくに，それまでの家族やコミュニティにおける役割や立場が変化し，今までとは同じように振る舞えなくなることが起こります。母親が重度の認知症になった人は，母親がもはや母親の機能を果たせないばかりか，むしろ自分が介護者として親的な役割を果たさなければならないことに戸惑うかもしれません。したがって，現実の家族やコミュニティにおける心の家族も含めて，自分自身の役割やアイデンティティを見直し，再構築することが必要になります。この見直しのためには，周囲からの孤立や断絶は妨げとなります。なぜなら，自分は誰なのかという問いに対しては，つながっている人からの承認や支援を得ることで，自分を肯定し，新たな役割を引き受けていくことが可能になるからです。

　また，唯一の絶対的なアイデンティティに固執したり，変化に抵抗することも，アイデンティティの再構築の妨げとなります。しかし，これはとても困難な作業です。例えば，福島第一原発事故で他の地域に避難した人のなかには，高齢でも3世代同居の家族の家長であった人もいます。しかし，避難

先では，これまでのように農業を営むことは難しく，また高齢であるために新たな就労先を見つけることも難しいことがあります。避難先の住居では3世代が一緒に同居することも困難となり，世帯別に生活することになるかもしれません。いずれは世代交代が起こることかもしれませんが，災害により突然，家族としての判断や決定が若い世代の家族によって行われるようになると，今まで自分を支えてきた稼ぎ手や家長といったアイデンティティが壊れたと感じるかもしれません。

このように避難先では，元の地域での職業や専門性を発揮できなかったり，家庭やコミュニティでの役割や地位の変化がしばしば起こります。その場合，過去の自分についてのアイデンティティを見直し，避難先での新しい社会的役割も受け入れるという柔軟な姿勢が求められます。

アイデンティティの再構築を行う際に重要なことは，家族の境界線を明確にすることです。例えば，両親が離婚し，母親が親権をもち子どもと生活するようになった家庭では，別居した父親は，子どもにとって離婚後も父親であることは変わりませんが，母親にとっては夫ではなくなっています。また，母親が再婚した場合には，子どもは母の再婚相手を新たな家族として受け入れるのかどうかを検討しなくてはならないでしょう。子どもが未成年者の場合には，自分にとっての家族とは誰なのかを明確にするだけでなく，家族であっても考え方が異なる場合があることを理解しなければなりません。役割やアイデンティティを見直すなかで，過去のアイデンティティを現在の状況に統合していくことが重要です。

また，そのアイデンティティには，あいまいな喪失とどのように向き合ってきたかという一人ひとりの経緯も含まれます。2001年のニューヨーク同時多発テロ事件による行方不明者の家族は，ボス博士らの介入により自分の能力やレジリエンスに焦点を当てることで，打ちのめされた存在ではなく，困難を乗り越えて生きる存在というアイデンティティに変化することができたと述べています（Boss, 2006/2015）。

(4) 両価的な感情を正常なものと見なす

あいまいな喪失の下では，人はさまざまな葛藤と感情をもちますが，その

感情はしばしば両価的なものとなります。ニューヨーク同時多発テロで行方不明となった救助者の妻は，夫を愛し誇りに思う一方で，自分たちよりも人々を救うことを優先して夫が亡くなったことに怒りを感じ，かつそのような怒りを感じる自分に罪悪感を覚えると述べていました（Boss, 2006/2015）。

愛と憎しみのような相反する感情の葛藤は，タイプ2のあいまいな喪失において，より顕著に見られるかもしれません。親が認知症になった人は，親を愛しつつも，介護のストレスから親に怒りや憎しみを感じたり，いつかはこの状態から解放されたいと願う気持ちの葛藤にさいなまれることがあります。このように怒りのようなネガティブな感情を感じることに罪悪感を覚えると，その感情を抑圧したり，その感情をどのように扱ってよいかわからず動けなくなってしまうのです。

このような場合には，恥，怒りなどの否定的な感情や罪悪感など両価的な感情が生じることは正常であり，そしてそれが個人の人格や考え方の問題ではなく，あいまいな喪失という状況から生じてくるものであると理解することが重要です（問題の外在化）。しかし，これらの否定的な感情から自分や他者を傷つけるような行動が生じた場合には，それを容認するべきではなく，抑制することが必要です。両価的な感情を正常なものと見なすためには，芸術（アート）などの表現を用いることで，潜在する両価的な感情を理解することも役に立つでしょう。

また，このような感情を押し殺すのではなく，きちんと向き合い，これらに対処できるという感覚をもつことも大切です。このような感情への対処には，専門家の介入がときには有効です。カウンセラーなど心理の専門家に個別に相談し，認知的なアプローチの適応により，客観的な視点で見られるようになることもあります。また，家族療法の専門家に家族でカウンセリングを受け，穏やかに互いに話し合うことができるようになると，それぞれの感情を受けとめながら，理解し合うことができるでしょう。

注意すべきは，自己や他者へ危害を加えるような危険が高まっている場合です。そのようなときは，一刻も早く専門的な治療や介入を受けることです。そのためにも，専門家や身近な人とこの問題について話し合える関係をつくっておく必要があるでしょう。

⑸　新しい愛着の形を見つける

　愛着対象である大切な人を失ったあとで，新しい愛着の形を見つけることは，これからの生活を考えるうえでとても大切です。しかし，あいまいな喪失の状態にある人は，今は存在していない愛する人との絆を手放すことに抵抗を感じるため，しばしば新たな愛着を形成することが困難になります。別な人と愛着関係を結ぶことは，いなくなった人への裏切りのように感じることもあるからです。

　しかし，ボス博士は，いなくなった人との関係性を終わらせたり手放す必要はなく，それを保持したまま新しい関係性をもつことが可能であると述べています（Boss, 2006/2015）。なぜならば，その存在が物理的あるいは心理的にないとしても，表象として心のなかに位置づけることで，その人と対話し，そこから慰めや励ましを得ることが可能だからです。このような表象としての存在もまた，心の家族なのです。愛着にまつわる葛藤を処理したいと願うあまり，いなくなった人との関係性を終わらせることを願う形で対処することは望ましくありません。また，その人との関係性から完全に分離する試みには，かなりの困難があります。例えば，認知症の親に対して愛着関係を切り離し，子どもとしてではなく，介護者のように振る舞おうとすることなどが該当します。

　その人と以前もっていた関係性を心のなかで大切にしつつも，その愛着のあり方を変化させることが必要なのです。このような愛着の見直しに対して，支援のなかで取り上げることが役に立つでしょう。また，その際に，個別的な面接だけでなく，夫婦や家族，同じ経験をした人との話し合いやグループワークが有用です。このようなグループのなかでは，同じつらさを抱える仲間からの支持や安心感を得られることで，新しい関係性をつくることが容易になるからです。

⑹　希望を見出す

　ボス博士は，この６つのガイドラインは円環的なプロセスであり，意味を見出すことに始まって希望を見出す段階で終わるのではなく，そこからまた

新たに意味を見出すプロセスが始まるとし,「意味のないところに希望はなく,希望のないところに意味もない」と述べています (Boss, 2006/2015)。

　ボス博士は希望を「未来が良いものであるという信念」と定義づけています (Boss, 2006/2015)。したがって，あいまいな喪失の状況のなかで前に進めなくなっている人にとって，希望を感じることは困難な課題であるといえるでしょう。愛する人を失っている状態において，最も大きな希望はその人を取り戻すことです。しかし，それがいつになるかわからない状態が何年も何十年も続くなかで，再会の希望だけをもち続けるのは困難です。したがって，希望もまた，現実に即した形で見直される必要があるのです。例えば，津波で行方不明になった人の家族では，最初は生きて再会することだけをひたすら望むでしょう。しかし，行方が知れない状況が持続するなかで，せめて遺骨が見つかればというように希望が変化していくかもしれません。このときに，あいまいさを終わらせようとする希望に固執することはむしろレジリエンスを損ない，ストレスを高めることになります。ここで必要な希望はより現実に即したものであり，あいまいな喪失下にあっても叶えられるものであることが必要です。もちろん，失われた人を見つけたいという希望を捨てる必要はありませんが，そのことだけを希望とせずに，現実生活のなかで個人の夢や希望を新たに見出すことが重要なのです。例えば，行方不明者家族のなかには，同じような体験をして苦しんでいる人を支援するという形で，現実的な次の一歩を踏み出している方もいます。

　希望を見出すうえで必要なことは，現実的に対処しうる問題を放置しないことです。アルコール依存症の夫というあいまいな喪失を抱えている妻が，いつか夫が酒をやめてくれるという幻想のような希望をもち続けるのではなく，専門家に相談したり，ときには夫との離別という決断を下すような現実的な検討と対処を行わなくてはならないということです。

　困難な状況で希望をもつために役に立つこととして，自己を超越した存在を信じるというスピリチュアリティや，さまざまな人生の選択肢を想像すること，ユーモアによって不条理な状況を笑えるようにすることなども挙げられます。これは，なかなか自分の思いどおりには進まない状況に耐えつつ，完全ではなくともある程度はやっていけるのだという楽観的な姿勢をもつう

えで役に立ちます。

5 まとめ

　本章では，あいまいな喪失と悲嘆の理論，それに基づいた支援についてまとめました。あいまいな喪失理論は，「あいまいな喪失」状況にあるときに最も重要なものです。そして，私たちの人生においてあいまいな状況はまれなものでなく，むしろ"明確な喪失"や"あいまいさのない状況"のほうが，まれではないかと考えられます。そういう意味において，私たちは小さなあいまいな喪失，あるいはあいまいな状況を乗り越えてきており，その状況に耐えるレジリエンスを形成してきているといえるでしょう。ボス博士のいうように，あいまいな喪失は，人の力で終結させることができないものです。そのような状況への対処は人々が備えているレジリエンスを用いて，その状況がありつつも，人生に希望をもって前に進めるように生活することであり，治療や支援を行うときの目標となります。このような介入は，これまで問題の解決を目指すという治療技法や支援に慣れてきた治療者や支援者には，あまり馴染みのないものかもしれません。

　しかし，このあいまいな喪失という概念を治療者や支援者が理解し，レジリエンスを動員して対処するという方法を用いることができるようになることは，実際の臨床や支援の現場において助けになるでしょう。例えば，自死や事故のような暴力的死別の場合では，死は事実ではありますが，どうしても認められない，受け入れられないという遺族は存在します。そのような遺族に対して，死の受容を前提とした専門的な治療を強要することはできません。むしろあいまいさを許容しつつ，しかしその人のもつレジリエンスを強化し，生活を回復させていくようなアプローチのほうが，現実的であると同時に侵襲性の低い支援となることでしょう。

　本章では触れませんでしたが，あいまいな喪失を治療場面で扱ううえで重要なのは，治療者や支援者自身が経験しているあいまいな喪失と，それに対する自分の理解や姿勢です。本書の第5章で述べているように，治療者があ

いまいさにどれだけ耐えられるかが重要です（Boss, 2006/2015）。あいまいな喪失に向き合う治療者や支援者は，まず自分自身のレジリエンスとあいまいな喪失への耐性を評価しなくてはなりません。そして，レジリエンスを高めるためにも，治療者や支援者同士の支援体制，例えば事例検討やスーパーヴィジョン，コンサルテーションなどを構築することと，私生活においては相談し合ったり，支え合える人間関係を形成していくことが必要なのです。

コラム1

あいまいな喪失と家族——精神障害の場合

後藤雅博

　筆者は長い間，精神障害者といわれる人たちの家族支援をしてきている。10年くらい前から，ボス博士の「あいまいな喪失」概念を知り，それを通して，精神障害者と共に生きる家族の苦労とありようの一部が，より腑に落ちるようになった。

　慢性の精神障害者を身内にもつ家族については，感情表出（expressed emotion，以下 EE）の研究が有名である。これは，構造化された面接場面で，家族が表出する感情に，批判，敵意，過度の感情的巻き込まれ（過度の自己犠牲や介入）が一定以上あると判定されるとき，高い感情表出（高EE）があると判断される。高 EE の家族と同居している場合には，そうでない場合に比べて有意に統合失調症やうつ病の再発率が高くなることが，世界的に，文化差なしで，これまでに確かめられている。しかも，この高 EE は家族の負担軽減や支援的介入，当事者の症状の改善などにより変化するので，もともとの性質ではなく，慢性的ストレスにさらされた情緒的反応であると考えられている。「批判的な家族」「過保護な家族」という類型があるわけではないのである。

　家族教室の場面，グループでの家族心理教育の場面，通常の家族面接の場面でも，家族はよくこんなふうに言う。「前とはすっかり変わってしまった」「以前の娘（息子）はもういない。でも耐えるしかない」「いつかは前のように戻るのではないか」「これからもずっと同じなのか」など。ときには本人と同席の場面でもそうで，これは「いるのにいない」という体験であり，「別れのないさよなら」であると理解することができる。高 EE の指標とされる「批判的コメント」や「敵意」の背景の一部には，「以前ならできていただろう」「なんでできないんだ」「本来なら……」という「あ

いまいな喪失」にさらされた結果生じたストレス反応と考えると共感できる部分があるし,「過度の感情的巻き込まれ」にも, いなくなっているかもしれない者への必死な思いがある。

　こういったストレスにさらされた高EE家族に有効な支援の方法として家族グループでの心理教育プログラムがある。そこでは, まず病気や障害についての正確な情報が伝えられ, ある程度病気や状態についての客観的な認識をもてるように図られる。次に家族同士のサポーティブな関係のなかで, 今までの努力への肯定的な評価と「そのままで十分」というメッセージとともに, 今現実に困っている問題についての解決が図られる。最終的には, 同じ体験をした者同士の経験の交流が, 日常的なストレスを乗り越えさせてくれる。これは, 私には, ボス博士の「あいまいな喪失」への介入プロセスとよく似ていると感じられる。良い治療は共通の構造をもっているなあ, ということが実感されるのである。

コラム2 地域の回復のために大切なこと

福地　成

　筆者は個人を治療する医師として活動してきたが，東日本大震災を契機に地域全体を対象とする立ち位置になった。個人治療のなかでは，対象者の生い立ちや発達を読み取り，それぞれの場面で生じる心の力動をすくいとり，回復プロセスにそった支援を提供する。とくに思春期臨床では，自己同一性の確立が課題になることが多く，集団のなかで「自分はどんな存在なのか」を模索し，確立することが回復の大きなカギを握っている。現在の職務に従事するなかで，コミュニティが回復する過程でも同様の現象が生じているのではないかと感じている。

　被災地ではいろいろな集まりが自然発生した。その多くはプレハブ仮設住宅を中心に自然発生し，危機状態を乗り越え，地域を元気にするためのさまざまな工夫が凝らされた。古くから地域に根付いている伝統的な「祭り」を足がかりとして，住民それぞれに役割を与え，地域全体として決起する動きも観察された。多くの「祭り」は，感謝や祈り，慰霊のために神仏や祖先をまつる意味があり，住民がそれぞれの役割を果たすことで地域に根付いた自らの起源を確認することができる。

　長い人類の歴史を振り返ると，海外にも同様の事例があり，私たちの回復のための大きなヒントが隠れているように感じられる。エチオピアでは，コーヒーを飲むという行為は精神的な素養や教養などが含まれる習慣であり，他者に対する感謝ともてなしの精神を表す。冠婚葬祭をはじめ，人生の節目でコーヒー・セレモニーを取り入れており，生活のなかに習慣として深くなじんでいる。そのエチオピアで，飢餓や国境紛争のあと，地域住民は何よりもコーヒーを飲む習慣を取り戻そうとして，集まりが自然に発生したことが知られている。道具をそろえ，豆を炒って臼で砕き，作法に

のっとりコーヒーを飲み，会話をすることで普段の生活を取り戻したと想像される。

このような事例から，危機状態では自分たちの地域文化に即した内容で集まりを展開し，それぞれの役割，ひいては自分たちの起源を確かめ合うことで，圧倒的な外力により奪われてしまった自律性を少しずつ取り戻していくものと考えられる。

精神疾患は周囲にその症状が理解されにくく，恐怖感や先入観，差別感情が惹起されやすいため，社会的なスティグマとなりがちである。そのため，精神疾患をもつ人の受診率低下，社会的関係の阻害，住居や雇用機会の制限などにつながりやすくなる。どこの国でも，いつの時代でも生じうる現象であり，いかにしてスティグマを軽減するのかが精神保健領域の課題となる。東日本大震災では，甚大なストレスのために多くの住民が精神的不調をきたしたが，強いスティグマのために自ら相談を求める人は決して多くはなかった。そのようななかで，うつ病やアルコール関連障害などさまざまな疾患に対する普及・啓発が地域の課題となっている。

タイは精神疾患へのスティグマが強く，精神科医を中心とする専門スタッフが不足している国のひとつである。2004年のスマトラ沖地震によるインド洋津波で被災したタイ南部では，タイの宗教と伝統文化に根差した草の根支援が展開されたことが知られている。この地域は近代化が進んでおらず，寺院の僧侶を尊敬し，仏教を深く信じる人々が多く住んでいた。こうしたなかで，西洋医学の精神保健モデルを全面に押し出さずに，寺院に集まる被災者の話を僧侶が傾聴することによって支援を提供した。いかにして住民の抵抗を軽減し，地域の文化にそった手法で支援を提供するかが重要だと思われる。

特定の集団や地域が大きなトラウマを負ったとき，その独自文化をどのように活かせるかが回復の糸口となる。独自文化にそった内容で集まりを展開し，スティグマが少ない手法で支援を提供し，つらい体験を汲みとる「場づくり」が回復の糸口となると感じる。そのためには，地域住民自身に活用可能な文化・習慣は何であるかに気づき，積極的に地域活動に取り込んでいく工夫が必要と考えられる。

第2章

家族療法とあいまいな喪失

石井千賀子

1 はじめに

　東日本大震災のあと，それまで災害時に重視されてきたトラウマの治療とは異なる支援が求められました。喪失がいつまで続くか不明確な方々，例えば家族が行方不明という状況が続く方，故郷があるのに帰れない方，あるいは帰っても以前の平穏な生活が戻らない方には，通常の死別による悲嘆の支援とは異なる支援が必要でした。「さよならのない別れ」であっても「別れのないさよなら」であっても，家族は喪失の状況のあいまいさに苦しみます。そのような喪失の受けとめ方は家族のなかでも異なることが多いため，その喪失の話題が避けられがちになります。そのため，さまざまなストレスが高まるなかで，それまで日常的に家族同士が行ってきた支え合いが困難になります。あいまいな喪失は，家族ひとりひとりが別々に悲しんだり，そのつらさを身近な人にも理解されにくかったりするため，人間関係が長期にわたってその影響を受けやすいことが特徴です。

　このような状況に置かれた人々の苦悩に寄りそいながら，家族全体に働きかける「家族療法」に基づいた方法がきわめて有効であるということが，ボス博士の40年以上にわたる世界各地での臨床と研究から実証されています（Boss, 2016）。逆境のなかでも家族は健康的に生きる力をもっているというレジリエンスの概念と，それに基づく支援方法です。ボス博士が提唱するあいまいな喪失理論については，1990年代初期に博士が日本に招かれたときに，その理論と支援法が一部の家族療法家に向けて紹介されました。しかし，そ

の理論や臨床への応用のニーズが高まったのは、東日本大震災以降です。震災の翌年である2012年にボス博士が再来日したあと、震災によってあいまいな喪失に苦しむ事例に対してボス博士からコンサルテーションを受ける事例検討会を、毎年、東北各地で開催するようになりました。その事例検討会のコンサルテーションの補佐役を務めるなかで、筆者は改めてボス博士の理論と介入方法は「家族療法の基礎」を基盤にしていると実感しました。

いつ解決するか、終結するかわからないあいまいな喪失の支援を行う際、家族の視点から出発すると、その家族がもつ回復力、レジリエンスを垣間見ることができます。その視点をボス博士は新しい「レンズ」（Boss, 2016）と呼んでいます。このレンズを通してみると、家族の誰かひとりに会うときも、その家族の見え方が変わってきます。また、家族のレンズを用いると、長期的な視点からとらえることができるため、とくに子どものいる家族や多世代家族には問題を予防する側面も見えてきます。

この章では、まず家族に目を向けるための基本的なツールであるジェノグラム（多世代家族構成図）を紹介します。そしてジェノグラムを用いて浮き彫りにされる家族関係をもとに、あいまいな喪失を抱える事例ではどのような支援を行うのか、ボス博士の強調点をかみ砕きながら、レジリエンスを引き出すための支援の流れを紹介します。なお、ここで用いられるのは実在する事例ではありません。あいまいな喪失理論を解説しながらその事例の具体的な支援方法について考察していきます。

2　家族の視点からあいまいな喪失をとらえる

東北で開催されたある年の事例検討会で、「家族」という視点で事例の支援を継続していた事例提供者に対し、ボス博士は「家族の視点をもつことは、一見わかりにくいようにも感じるけれど、家族システムのなかでのやりとりが見えてきて、家族内の変化がわかりやすくなりますね」と賛辞を贈りました。この言葉のなかには、ボス博士が繰り返し強調しているポイントが示されています。「家族全体」「やりとり」「変化」の3点です。

例えば，次のような場面を思い描いて，個人の視点から支援を考えるときと，家族の視点から支援を考えるときとを比較してみましょう。

　被災地のある施設であなたが子ども向けの支援活動を終えたあと，出口でA子ちゃんが，「寒い」と言いながら身震いしているのを目にしました。A子ちゃんの祖母が行方不明になっているという情報を，あなたは以前から聞いていました。

　A子ちゃんだけに焦点を当てて支援を考える場合，どんなことを考えるでしょうか。「熱はあるのだろうか」「毛布をかけてあげたほうがよいのだろうか」，あるいは「今日のような寒い日は，祖母のことを思い出すのかしら」と思いをはせるでしょうか。

　次に，家族の視点からこの場面を考えてみたいと思います。A子ちゃんと家族の関係に目を向けながら，あなたは次のようなことを考えるかもしれません。「祖母と一緒の生活のときと祖母が見つからない状況とでは，A子ちゃんの生活はどう異なるのだろうか？」「祖母のいなくなった今，A子ちゃんは家の中では誰とどんなやりとりをしているのだろうか？」

　このように家族の視点で考えるときには，家族の全体像を見ることが必要です。その足がかりとして，最初に私たちが用いる重要なツールは「ジェノグラム」です。まずジェノグラムを描き，A子ちゃんの家族関係に目を向けながら「見立て」と「支援」について考えてみます。

3 ジェノグラム

　ジェノグラム（McGoldrick et al., 2008/2018；石井・加藤, 2012）は多世代家族構成図とも呼ばれ，家族メンバーの構成を描き，関係性を図式化するものです。ボス博士は，あいまいな喪失を経験している家族を理解し，支援のヒントを考えるときに，このジェノグラムを活用することを勧めています。

　例えば，このA子ちゃんの事例は，東日本大震災で祖母を失った事例です。まず，震災の起こった時点を起点として，前後の2つのジェノグラムを作成し，比較してみます。そうすることで，祖母のいた震災前と祖母がいない震

災後の生活では、家族関係がどう変わっているかがわかります。また、ジェノグラムを描きながら、喪失の前後のプロセスを整理することで、家族関係や暮らしのなかでの変化について、支援者が理解することが容易になります。祖母がいない日常においてA子ちゃんが穏やかに生活する方向へと歩み出すための視点は、まず家族を理解することから始まります。

　ジェノグラムの活用方法は2つあります。

　1つは、断片的な家族の情報を一目瞭然に表すことです。家族の情報、例えば家族構成員の名前、年齢、死亡・行方不明の年月日、住んでいる地方、社会的立場・職業、身体的・社会的特徴（病気、呼び名など）、転職、定年、生活の変化、その人が言っていたフレーズなどのうち、重要なものは、家族構成員の〇や□の記号のそばにメモ書きしていきます。同居は点線で囲み、転居時はその年月日を書きます（図2-1）。

　もう1つは、描いたジェノグラムを読み解くことにより、家族全体から今の家族の様子を見立てることです。A子ちゃんの家族のジェノグラムで、祖母が斜線の入った〇の記号で行方不明[*1]という情報を目にしたときに、祖母のいない現在の生活ではA子ちゃんと家族との関係がどのように変化しているのか、A子ちゃんを迎えに来る人は誰なのか、寒いと言ったときに心配してくれる人が現在の暮らしではどのように変わっているのかなど、家族関係を読み解きながら支援に活用することができます。

4　家族全体を視野にいれた4ステップ支援

　家族全体を視野にいれた支援では多くの情報を整理し、今の家族の様子を見立てることが基本です。あいまいな喪失の支援の場合も同様です。「さよならのない別れ」（タイプ1）も「別れのないさよなら」（タイプ2）も、次

[*1] 「行方不明」に関して統一したジェノグラムの表記方法はありませんが、ボス博士が2012年に来日されたとき、〇□に斜線をいれることを提案されました。本書はそれに従っています。

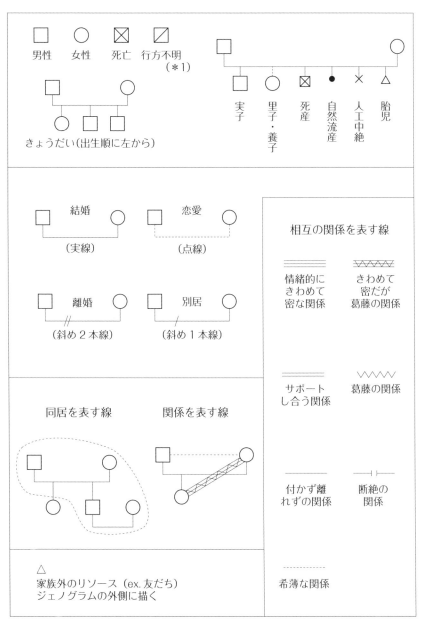

図2-1 ジェノグラムの描き方
(McGoldrick et al., 2008；早樫, 2016；石井・加藤, 2012をもとに作成)

の4ステップで進めます。

(1) ジェノグラムを描く
(2) ジェノグラムを読み解き，家族全体から今の家族の様子を見立てる
(3) 6つのガイドラインにそって支援する
(4) 長期の歩みを支える

　この手順にそった支援について，まず，あいまいな喪失のタイプ1「さよならのない別れ」の事例を通して一緒に考えてみます。

5　事例1——母親が行方不明の家族

1)　事例1の概要

　東日本大震災の2年後，8歳の男子Dくんが友だちとぶつかることが増えてきたため，紹介されてきました。Dくんは震災の被害を受けた地域に住んでいます。震災後，母親の行方がわかっていないという情報が入りました。私たちが会うことができるのはDくん本人だけで，家族と会うことは難しい状況です。そのようななか，あいまいな喪失のレンズを用いた支援を，家族の視点に立ちながら考えてみましょう。
　Dくんの話によると，Dくんは現在，47歳の父親と12歳の姉と一緒に住んでいます。震災時はきょうだい共に学校にいて被害を免れました。しかし，母親は仕事で沿岸部に行っていました。車は見つかったけれども，母親の行方は2年経った今もわからないそうです。自宅は半壊したために避難していましたが，家の修理が終わって，現在は自宅で3人暮らしをしているということです。

2) 支援の手順

(1) ジェノグラムを描く

　まず，図2-1の「ジェノグラムの描き方」を参考にジェノグラムを描き，家族全体の情報を整理します。震災前と後のジェノグラムを2枚描いて比較しますが，事情聴取という雰囲気にならないように，可能であればDくんと話をしながら一緒に描いていく方法がよいでしょう。

　ジェノグラム（図2-2および図2-3）を見てください。まずは，震災2年後のジェノグラムです（図2-3）。Dくんの家族構成員について男性を□，女性を○の記号で描き，それぞれの年齢を記号の中あるいは横に，姉は12歳，Dくんは8歳。父親は47歳と書き込みました。行方不明の母親は○のなかに斜線をいれ，行方不明になったときの日付である2011年3月11日と，その時点の年齢47歳も書き込みました。同居の点線で3人を囲み，住んでいる町名や地域も書き込むと生活がイメージしやすくなります。

　次に，家族の生活の変化を理解するため，震災前のジェノグラム（図2-2）を描いてみます。同居家族は母親を含めた4名でした。当時の年齢と呼び名について聞いてみると，6歳だったDくんは家族全員から「Dちゃん」と呼ばれ，10歳の姉のことはDくんが「お姉ちゃん」と呼んでいたとのことでした。その呼称を書き込んでみると，家族の雰囲気が感じられます。住まいについても確認します。現在は「震災前と後は同じ家」に住んでいる場合も，震災直後は一時的に避難所や借り上げ住宅に入っていたかについて，Dくんに確認してみましょう。また祖父母についてDくんが「わからない」と話している場合には，頼れる関係ではないのかもしれません。

(2) ジェノグラムを読み解き，家族全体から今の家族の様子を見立てる

　ジェノグラムをていねいに見ながら，その家族関係を想像し確認しつつ，家族が直面する課題を思い描き，今の家族の様子を見立てる作業を行います。

　まず，ジェノグラム2枚を見ながら震災前と震災後の暮らしを比較します。母親が行方不明になり，家族の役割や家族関係がどう変化したかについて比

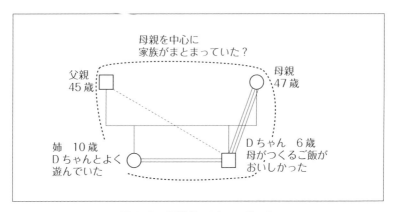

図2-2 震災前のジェノグラム

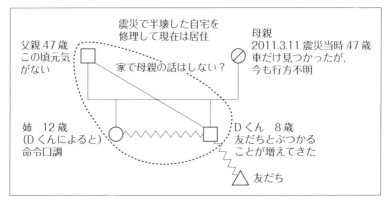

図2-3 震災2年後のジェノグラム

較してみます。震災前の親子4人暮らしについて、Dくんは母親のつくるご飯がとてもおいしかったことを語りますが、父親については触れません。このような語りから、母親が元気だったころの家族の特徴的な役割や相互の関係を思い描き、震災前のジェノグラム（図2-2）に「相互の関係を表す線」（図2-1、右側）を書き込みます。例えば母親とDくんの関係は「情緒的にきわめて密な関係」の3重線で表してみました。姉とDくんの関係について震災の前には一緒に遊んでいたという話から、きょうだいとして「サポートし

合う関係」であることを示す2重線を書き入れます。震災前の話に父親のことが出てこない場合は、Dくんと父親の関係を「希薄な関係」として点線で表すことができます。また、父親と母親の年齢を比べると、震災前は父親が45歳、母親が47歳で、母が2歳年上であることがわかります。この情報からもしかすると、震災前には母親を中心に家族がまとまっていた可能性があるという仮説を立てることができるかもしれません。

次に、震災2年後のジェノグラム（図2-3）に現在の家族の関係を書き込み、家族の様子がどのように変化しているのか考えてみます。行方不明の母親が震災以前に果たしていた役割は、今は誰がとっているのでしょうか？　現在、姉が命令調で話すのがイヤだとDくんが語っていましたので、Dくんと姉との関係は「葛藤の関係」を示すギザギザの線で書き表してみました。また、Dくんの話から、震災後、母親の話を家族間でしていない様子がうかがわれます。触れてはいけない雰囲気があるのかもしれません。このように支援者にとって不確かながら重要だと思われる点については、はてな（「？」）マークをつけて、確認必要事項としておくことができます。

友だちとの関係についても、Dくんに聞いてみました。するとDくんは「友だちにはみんなママがいるから、友だちと遊ぶのはイヤだ」と語りました。また、父親について聞いてみると、「元気がなく会社を休むことがときどきある」と言いました。震災前と比較すると、母親との濃密な関係がなくなったうえに、父親は元気がないと書かれたジェノグラムのメモから、家族との暮らしのなかでDくんが不安な様子が想像できます。Dくんの友だち関係のトラブルは、母親の喪失後に大きく変化した家族との生活に影響されていると、見立てることができるかもしれません。

このようにジェノグラムを描き、その家族の関係を読み解き、家族全体として、また家族メンバーそれぞれが、先の見えない喪失にどのように向き合っているかを見立てます（石井ら、2016）。また、新たな情報が入れば必要に応じて見立てを修正します。

次に、見立てにそって支援を考えていきます。

⑶　ガイドラインにそって支援する

　あいまいな喪失の6つのガイドラインにそって，Dくんの支援を考えてみます。6つのガイドラインとは，第1章に挙げられていたように，「意味を見つける，人生のコントロール感を調整する，アイデンティティを再構築する，両価的な感情を正常なものと見なす，新しい愛着の形を見つける，希望を見出す」の6項目です。このガイドラインにそっていくなかで，Dくんが日ごろ家族と交わすやりとりや，その奥にある考え方を見直し，友人との間で，そして家族との間で，より穏やかな生活へと向かうレジリエンスを高められる支援の実践を考えます。

▶ガイドライン1：意味を見つける

　母親の行方不明について，Dくんは家族からこれまでどのような説明を受けてきたのか，機会を見て確認することが大事です。きょうだいのなかで下の子や末っ子だけが情報を共有されず，孤立している場合もあります。また，葬儀を行ったのか，この2年の間に母親に関連するやりとりがあったのか，話してみることも一案です。そのような話を通して，母親の行方不明について家族がそれぞれどのようなストーリーをもっているのか，支援者とDくんが少しずつ理解し合う一歩となります。

　次に，あいまいな喪失の支援のキーワードである「AでもありBでもあり」という考え方を用いて，Dくんがとっている現状との向き合い方について考えてみましょう。母親の喪失という悲しみのなかで，何かにつけ友だちとぶつかっている現在の状況は，ボス博士の言葉でいうと「AかBか」のうち1つだけを繰り返す対処方法をとっているといえます。「ママがいたときと同じように友だちと仲良く遊ぶ」というAの考え方と，「ママがいないのに友だちと仲良く遊べない」というBの考え方のうち，Aの方法をとることができず，Bだけを繰り返しているようです。母親が戻りDくんのつらさが解消することが望めない現状でこの対処行動を続けると，友だちとも家族とも関係づくりが大きな課題になる可能性があります。そのため，「B」と決めつけずに「AもBも」といった考え方を取り入れ，柔軟に考えられるように支援することが重要となります。

読者のあなたは，このボス博士の「AでもありBでもあり」の考え方を用いて，Dくんとどのような話し合いができそうでしょうか。Dくんの気持ちに共感を示しながらDくんが実行できそうな案を一緒に話し合っていくことは，母の行方不明という出来事の受けとめ方と向き合う支援のひとつといえます。

▶ガイドライン２：人生のコントロール感を調整する

　子どもは家族が亡くなったり，行方不明になったりすると，自分のせいでそのようなことが起こったのではないかと，しばしば感じるものです。まずは「ママが行方不明になったのは，Dくんのせいではないよ」と，今の状況の原因を外在化し，不適切な支配感から解放して自責の念を軽減する心理教育的な支援を行うことができます。

　子どもの無力感を減らし，現状でできていること，たとえ小さなことであっても，子ども自身がコントロール感を適切にもてることに，支援者が目を向けていくことが大切です。例えば，最近，友だちや姉との間で，今までとは違うことで何かできたことがないか，話を向けてみることはひとつの方法かと思います。そのように聞いてみると，「昨日は姉に言われる前に茶碗を流しに持っていった」という話がDくんから出てくるかもしれません。日常生活のなかで実践している好ましい自身の変化を少しずつ増やすことにより，あいまいな喪失を体験しているときにコントロール感を調整する出発点になります。

▶ガイドライン３：アイデンティティを再構築する

　母親が見つからないなか，Dくんのアイデンティティに震災後どのような変化が起こっていると，みなさんは思いますか。震災前には，料理上手であった母親に笑顔で「おいしかった」と伝え，それに応える母親との間で，Dくんのアイデンティティが形成されていたと見立てられます。震災後，その母親との関係が失われ，そのうえ姉は，弟のDくんから見るといつも自分に命令して，怒ってばかりいるとDくんは語っています。

　Dくんが今，一番頼りにしている人は誰でしょうか。心の家族（第１章参照）は誰なのか，Dくんに尋ねてみましょう。その人は，本当の家族でなくても構いません。その人との関係を大事に続けていくために，どのようにし

ていったらよいかをDくんと話し合ってみましょう。また，父親や姉との関係で，大事にしていきたいことや反対に変化させていきたいことも，Dくんと話し合ってみるとよいかもしれません。

▶ガイドライン4：両価的な感情を正常なものと見なす

「ママ，帰ってきて。でも，帰ってこないかな」と揺れ動く気持ちは，とても自然なものです。しかし，もしかするとそのような揺れ動く気持ちを，どちらかに決着させようと思ったり，抑え込んだりしていることがあるかもしれません。あなたがDくんのそばにいるとき，どんなときに両価的な感情に気づくでしょうか。それはどのような場面でしょうか。例えば，絵を描くことに夢中になっているときにも，急にその絵をめちゃくちゃにするような行動が見られることがあるかもしれません。そんなときも，危険がないことも確認したうえで，揺れ動く言動を温かく見守る姿勢が大切です。

家族に対する気持ちも，揺れ動くかもしれません。姉をうっとおしく感じることもあれば，逆に頼りにしたいと思うこともあるかもしれません。そのどちらの感情も自然なものです。Dくんの気持ちの変化を共感的な言葉で返していくなかで，感情の起伏が穏やかになる様子が見られることもあります。その感情を支援者自身が正常なものとしてとらえる（ノーマライズする）ことができれば，Dくんのレジリエンスを信じて待つことができます。

▶ガイドライン5：新しい愛着の形を見つける

行方不明になったお母さんを思い出すのはつらいけれども，家族が穏やかに過ごすためには，どのようにすれば家族がみな苦痛なく母親を思い出すことができるのでしょうか。例えば，カレーを食べるときにはママを思い出すという話がDくんから出たら，そのときを笑顔で過ごすような方法をDくんと話し合ってみるのも一案です。カレーをいつ食べるか，父親も一緒に家族3人で決めてカレンダーに書き込み，その日には「全員が手伝う」という案が出たら，「ジャガイモを買ってくるのはパパとDくんがしよう」など，力を合わせていくなかで，母親を思い出しながら，家族3人が互いに助け合うという新たな愛着が芽生えるきざしとなるかもしれません。

▶ガイドライン6：希望を見出す

「パパは元気がないの，つまらない。でも今度一緒にジャガイモを買いに

行くんだ」という話をしているDくんを，どのように希望へとつなげていくことができそうでしょうか。つらいことはあるけれど，楽しいこと，力がわくようなことをたくさんやっていくようにDくんに勧め，励ましましょう。それはどんなことか，Dくんに尋ねてもよいでしょう。もしかすると，ジャガイモを買いに行く途中で，父親と一緒に楽しくできそうなことはないかなどを考えることもできるでしょう。家族のやりとりや関係性に変化が見えてくると，希望につながる可能性があります。

(4) 長期の歩みを支える

支援の流れの4つ目のステップは，支援者が家族のやりとりの変化に目を向けて，さらに変化が広がるのを長期的に支えることです。あいまいな喪失は支援の効果が見えにくいことがよくあります。例えば，Dくんに共感するあまり，Dくんと父親との関係だけでなく，当初から問題とされていた友だちとの関係が早く改善してほしいという支援者自身の思いが，つい高ぶることがあります。

ボス博士は，支援が期待どおり進まないことによって，支援者があいまいな喪失に耐えられなくなることがよくあることを指摘しています。また，その際に支援者自身が自分のその体験に気づいていることが重要であると述べています。あなたは日ごろどのように，あいまいな喪失を支援する体制を整えていますか。ボス博士は，支援者がピアサポートの仲間と会ったり，スーパーヴィジョンを受けることを勧めています。支援者のセルフケアについては，第5章で詳しく解説しています。

3) 事例1の支援の振り返り

あいまいな喪失のレンズを用いて，この事例のDくんとその家族の支援を振り返ります。

まず，友だちとの関係が問題になっているDくんの家族のジェノグラムを描いて情報を整理しました。震災の前と後のジェノグラムを比較し，家族の喪失を思い描き，次に6つのガイドラインにそって，母親が見つからない

状況でもDくんが家族や友だちと穏やかに過ごしていくことを目指しました。また，Dくんと家族の歩みに希望をもって寄りそう支援者自身の姿勢が大切であることも述べました。
　震災前と震災後の家族の暮らしでは，母親が行方不明者であるという事実が家族にどのような影響を与えているのかについて，あいまいな喪失というレンズを通してみると，父親の体調や姉の家族内での役割の変化が見えてきました。家族関係に目を向けることで，個人だけを見ていたときとは見え方が変わってきたと，読者のみなさんに感じていただけたのではないでしょうか。
　家族を視野にいれて支援をすることの利点を，ここで再度振り返りましょう。家族をひとつの単位としてとらえ，家族全体に目を向けていくと，そのときのニーズや状況によって柔軟に関係性を変える力，つまりレジリエンス（Boss, 2006/2015; 中釜，2007）が見えてきます。さらに家族のなかで起こった変化は，小さなものであっても，関係性の編み目のなかをさざ波のように伝達される習性があります。例えば，それまでそばにいて面倒をみてくれていた母がいない不安な生活を乗り切るために，子どもが友だちとの遊び方やきょうだい関係を変えることで家族がまとまることがあります。
　Dくんの場合は，友だちとの遊び方や，姉の果たす役割に戸惑いながらも家族がまとまっていたようです。しかしそのまとまり方に無理があると，家族の内や外の人間関係で，ガタガタとヒビがはいるように問題が顕在化することがあります。Dくん個人に目を向けていると，友だちとの間で問題行動が目立ちます。しかし，家族全体に目を向けてみると，そのガタガタという音は，家族のまとまり方に無理が生じていることに警鐘を鳴らしている音なのだと気づくことができます。その警鐘に気づいた支援者が，Dくんの家族や友だちとの間で見られる問題行動を，関係の変化のチャンスとしてとらえ直してみたときに，家族の変化する力，レジリエンスが浮かび上がってきました。家族全体の動きに目を向けていると，無理の少ない穏やかな生活へと変化していく力が，「家族」にはあるのが見えてきました。さらにDくんの家族のやりとりの変化を追ってみると，変化のさざ波が広がり，好ましい関係性へと家族が自分たちの力で歩んでいる姿が目に入ってくることが，ご理

解いただけたかと思います。

事例1では,あいまいな喪失のタイプ1「さよならのない別れ」の支援について,家族,やりとり,変化に注目してご一緒に考えてきました。次に,あいまいな喪失のタイプ2「別れのないさよなら」に苦しむ家族の事例の支援を考えます。

6 事例2――避難生活を送る家族

あいまいな喪失タイプ2の「別れのないさよなら」の事例として,次に紹介するのは,被災後家族がそれまでのように安心して住み続けることができず,自宅も故郷も物理的には存在するけれども,心理的には存在せず喪失したという思いを抱えて暮らす家族です。

身体的不在のタイプ1も,心理的不在のタイプ2も,支援の流れは変わりません。4ステップ支援の基本的な手順は同じです。

(1) ジェノグラムを描く
(2) ジェノグラムを読み解き,家族全体から今の家族の様子を見立てる
(3) 6つのガイドラインにそって支援する
(4) 長期の歩みを支える

長期にわたる家族関係への影響が懸念される場合には,(2)の「ジェノグラムを読み解き,家族全体から今の家族の様子を見立てる」を行ったあと,さらに「家族ライフサイクルから見立てる」ことを提案します。次の事例では,この点にも注意を向けて見立てと支援を考えます。

1) 事例2の概要

地域のサロンで,避難先の町で子育て中の若い母親Fさんが,日々の暮

らしについて語るなかで「避難して以降，どこから避難してきたかについて，誰にも話さない。子どもの担任にも話していない」と打ち明けてきました。福島第一原発から遠くない町に暮らしていたため，放射能の問題などに関連して子どもがいじめにあうことを心配して，自分たちがどこの出身か知られないようにと，娘のG子ちゃんの友だちを家に招くことも一切していないそうです。

まず，話を聞きながらジェノグラムを描き，情報を整理して家族関係を読み解き，家族の視点から4ステップの支援を試みます。

2) 支援の手順

(1) ジェノグラムを描く

事例のジェノグラムは，トラウマ的な出来事の前後でジェノグラムを2枚に分けて描くこともありますし，あるいは1枚にまとめて描くこともできます。ひとつの大きな出来事の影響を考えるときには，2枚に分けて描く利点が大きくなります。複数の喪失が生じている場合は，1枚に家族関係などの変化を描いてもよいでしょう。何枚にするかは支援者が決めてかまいません。

この事例でも，震災前後の2枚（図2-4, 図2-5）に描いていくこととします。まず，1枚は支援者が初めて関わった時点，つまり震災3年後のジェノグラムを，もう1枚には震災前のジェノグラムを描いて，その2枚を比較していきます。

震災3年後のジェノグラム（図2-5）を見てください。

現在Fさん（38歳）は娘G子ちゃん（7歳）と2人暮らしをしています。Fさんと同い年の夫は，仕事のために，震災前に3人で住んでいた自宅（Fさんの現在の住まいから数十キロ離れている）で，震災以降も1人で生活しているということです。夫は月に1度ほど2人を訪ねてきますが，放射能の影響への不安からFさんが娘を連れて夫の住む家を訪ねることは，一度もないという話です。ジェノグラムでは同居している人を点線で囲みます。母娘を点線で囲み，夫は1人住まいなので，夫だけを点線で囲みます。Fさんと夫の間に別居の斜線を書き込みます。

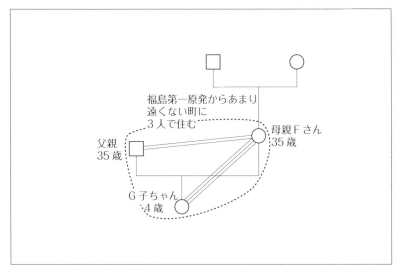

図2-4 震災前のジェノグラム

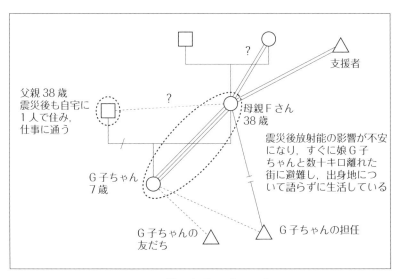

図2-5 震災3年後のジェノグラム

それぞれの住む地域については，現在の母娘の住む地域は中都市ですが，夫が住むのは町ということです。また，家族外のリソースを表すために，震災後のジェノグラムに，G子ちゃんの担任，G子ちゃんの友だち，そして相談に乗っている支援者を三角形で書き込むことができます。

　さらに，震災前のジェノグラムを描いてみます。3年前，35歳のFさん夫婦は，一人娘である4歳のG子ちゃんと3人暮らしでした（図2-4）。

(2)-1　ジェノグラムを読み解き，家族全体から今の家族の様子を見立てる

　家族模様を視覚的に表すジェノグラム2枚をていねいに見直し，立体的に家族を読み解いてみましょう。個々の情報，例えば出産した年齢，子どもの数，同居の線，地域の特性などから，母子関係，夫婦などの関係の線を斜めに書き込み，ジェノグラムの家族を一単位としてとらえてみると，Fさん家族の暮らしがよりはっきりと浮かび上がってきます。

　震災前のジェノグラム（図2-4）によると，31歳時にFさんと夫に第1子が産まれているのがわかります。当時のことを聞くと「やっと恵まれた子ども」だったという話です。その話から，Fさん夫婦はサポートし合う関係（2重線），母親Fさんと一人っ子G子ちゃんは情緒的にきわめて密な関係（3重線）と読み取れるので，それらを書き込みます。

　震災3年後のジェノグラム（図2-5）には，G子ちゃんと母親Fさんと父親の3人の間の，現在の関係の線を書いてみます。父親は月に1回，週末G子ちゃんと母親の家に来るという生活をG子ちゃんが4歳のときから3年続けている状況です。慣れない土地での2人の生活では，母親Fさんと小1の娘G子ちゃんの間は情緒的にきわめて密な関係（3重線）といえるでしょう。娘が4歳のときから，そのような別居生活が3年続くなかで，Fさん夫婦の間の関係は震災以前のように2重線でしょうか。あるいは，希薄な関係（点線）に変化したと見立てることができるでしょうか。「？」マークをつけてみましょう。Fさんが夫と別居したまま生活が長期にわたって成り立っていることを考えると，経済的な支援が夫婦以外からFさんに届いている可能性もあります。もし何らかの経済的支援がある場合には，その人とは経済的だけでなく心理的にも強くつながっているかもしれません。例えばFさ

んの親から支援がある場合に，それが夫婦関係にどう影響しているかでしょうか。「？」マークを検証する必要があります。

　一方，母親Fさんが娘G子ちゃんの担任に対して，自分たち家族の出身地を伝えていないという情報をもとに，その人たちとの関係をジェノグラムに図示してみましょう。FさんはG子ちゃんの担任と話を避けているので断絶の関係で表してみます。すると，G子ちゃんと担任，G子ちゃんと友だちの間にはどのような関係の線があると，あなたは見立てますか。G子ちゃんと母親との間に密接な関係が築かれていることを考えると，G子ちゃんは学校で担任との間で，また友だちとの間で希薄な関係（点線）をとっていると見立てられます。もし，そこに実線の関係がある場合には，G子ちゃんがその関係を維持していくために，ストレスをためていることが見立てられるかもしれません。

　このような支援者の見立てが検証を要する場合には「？」マークを書き込んでおき，母親に確認するなどして検証したあと，修正が必要な場合にはジェノグラムを描き直します。

(2)-2　家族ライフサイクルから見立てる

　家族全体を見立てるツールとして，ジェノグラムの他に「家族ライフサイクル」があります。あいまいな喪失はいつまで続くかわからないことが多く，長期にわたって家族関係に影響を与えることが懸念されるといわれています。とくにこのケースでは，母親Fさんと小1の娘G子ちゃんの，周囲に出身地を知られないようにする生活や情緒的にきわめて密な関係が今後さらに続き，友だちとの関係が疎遠なままとなる場合には，家族ライフサイクルの発達段階の課題に影響が出る可能性が考えられます。家族のライフサイクルの表2-1を見てみましょう。現在Fさん家族は，「幼い子どもを育てる時期」と呼ばれる家族の発達段階3に位置していますが，数年後に「思春期青年期の子どものいる時期」と呼ばれる家族の発達段階4へ進む移行期に入っていきます。現在の3段階目における家族の発達課題を達成せずに積み残すと，次の4段階目の課題である柔軟な家族関係を達成しにくくなるという影響が出る可能性があります。この家族ライフサイクルとジェノグラムを併用する

表 2-1　家族のライフサイクル(石井・加藤, 2012 Carter & McGoldrick, 1989 をもとに作成)

発達段階	家族システムの発達課題
1. 独身の若い成人期 （およそ18歳以降）	a. 原家族から自己分化する b. 親密な仲間関係の発達 c. 職業面での自己確立
2. 家族の成立期	a. 夫婦システムの形成 b. 拡大家族と友人関係を再編成
3. 幼い子どもを育てる時期	a. 子どもを包含するシステムの形成 b. 親役割への適応 c. 拡大家族との関係の調整
4. 思春期・青年期の子どものいる時期	a. 柔軟な家族境界 b. 夫婦関係と職業上の再編成 c. 高齢の世代（親や祖父母世代）の世話
5. 子どもの巣立ちとそれに続く時期	a. 夫婦システムの再編成 b. 成人した子どもと大人同士の関係構築 c. 義理の親や孫を含む関係性の再構築 d. 高齢世代（親や祖父母世代）の老化や死への対処
6. 家族の交代期	a. 生理的な老化を受けとめて機能する b. 次の世代に中心的役割を譲る c. 高齢世代へのサポートのために，智恵を見出したり体験を生かす d. 家族の死，自分の人生の統合

と，とくに親や祖父母の世代も含めて家族にさまざまな変化が起こることを予想して，あいまいな喪失という長期的な歩みを支える支援を考えることができます。

次に，6つのガイドラインからさらに家族支援に向けて考えてみます。

(3) 6つのガイドラインにそって支援する

▶ガイドライン1：意味を見つける

Fさん家族が抱えているあいまいな喪失は，故郷の他に何があると思いますか。家族には住み心地のよい家があるのに，放射能汚染への不安から子どもと一緒に安心してそこに暮らす日常を喪失しています(タイプ2)。そして，

Fさんと娘G子ちゃんが引っ越した先は物理的には整っていますが，Fさんの場合にはスティグマから出身地，そして自分自身や家族について語ることができる安心感がなく，その結果自分らしさを維持する自尊心を喪失して生活していると考えられます。そのようなさまざまな喪失を体験し，Fさんは「出身地に関連したことを話さない」という対処法をとっていることを告げていました。出身地を伝え合うような近しい関係をつくることを避けている，と見立てられます。その対処法は，Fさんだけでなく娘のG子ちゃんにも徹底させているようです。

　つまり，Fさんの考え方では「話さない」という選択(A)をしているので，「話す」という選択肢（B）がないかもしれません。そのような考え方をとって家族を守ろうとするFさんの現在の対処法に，支援者は耳を傾けながら，長期にわたる影響の大きさについて一緒に考えてみましょう。そのことをFさんが意識できるように心理教育を行い，白黒にとらわれずに「Aでもあり Bでもあり」という考え方を伝えてみることができます。つまり，「話さない」ことも「話す」ことも，その両方を相手や場面によってFさんが選択できるように，Fさんと話し合っていくのです。

▶ガイドライン２：人生のコントロール感を調整する

　出身地が知られるような人間関係をシャットアウトして，いじめなどの問題を予防し排除しようという考え方をしっかりもち，Fさんは母親として幼い子どもを守ろうと，高い支配感・コントロール感を維持していると考えられます。その努力に支援者として敬意を示しながら，その強固なコントロール感を維持することが，家族ライフサイクルに与える影響を説明することが大切です。具体的に人生のコントロール感を調整する一歩目として，例えば，友だちを家に連れてこないというルールに関して，あなたはどのようにFさんの調整のお手伝いをできそうですか。Fさんの心配のレベルを確認しながら，自宅のどの部屋にはG子ちゃんの友だちをいれてもよいとFさんは思うのか，G子ちゃんとその準備の具体的な話し合いをするように，支援者が子ども役をしてロールプレイをしてみることも一案です。そのとき，Fさんがリードをとって納得のいくやりとりができたと感じるように支援する工夫を考えるとよいと思います。

▶ガイドライン３：アイデンティティを再構築する

　現在，Ｆさんは母親としてのアイデンティティを堅く守っているといえるかもしれません。しかし，Ｆさんにとって妻としてのアイデンティティはどうでしょうか。また，Ｇ子ちゃんは，父親との関係のなかで子どもらしさを保つことが難しくなっていると考えられます。

　また，社会からの孤立は回復の妨げになるとボス博士は警告しています。Ｆさん家族が現在とっている対処方法は，回復の妨げになっているでしょうか。短期的に見るだけでなく，次の家族の発達段階に移行するときに，どのように影響するのかも含めて考えていくことを，家族療法家としてボス博士は勧めています。例えば，友だち関係に制限のかかった状況がこれからも続く場合，友人関係が重要になる思春期を迎えたときにＧ子ちゃんは友だちを信頼できるでしょうか。そして，子どもが成長し巣立ちに向かう時期には，夫婦が関係を再編成するという課題達成に影響が出る可能性があります。さらにＦさん夫婦が年老いた親との関係を考えて暮らす必要が出てきた場合，どのような影響を受けるでしょうか。支援者はこれらの見立てを考慮し，Ｆさんと家族のアイデンティティを再構築する選択肢を考えていくことができます。

▶ガイドライン４：両価的な感情を正常と見なす

　現在の暮らしについてＦさんに話を聞くと，娘Ｇ子ちゃんがときどき「友だちと家で遊びたい」と言うようです。ただ，Ｆさんは今も「ダメ」と答えているとのことでした。すると，Ｇ子ちゃんはそれ以上，友だちと遊びたいと言い張ることはないそうですが，そのとき，ＦさんはＧ子ちゃんに対してどのような思いを感じているのでしょうか。

　ボス博士は両価的な感情に揺れるのは正常であると述べるとともに，専門家と対処することを勧めています。Ｆさんの支援者は機会を見て，そのことについて聞いてみました。すると，「Ｇ子ちゃんにかわいそうという思いがわいてきた瞬間がある」とＦさんがつぶやいていました。支援者と対象者Ｆさんがこのようなやりとりをするとき，話のなかに出てきた両価的な感情は正常であると伝えたうえで，そのような気持ちの揺れがＦさんのなかにあることにＦさん自身が気づき，言葉にしたという変化に支援者は注目しま

しょう。このような小さな変化は家族のなかにもさざ波のように広がります。Fさんと娘とのやりとりのなかにも，変化が生まれてくることがあります。

　支援者は，Fさんが自分自身の変化に気づくような質問をすることができます。例えば，「G子ちゃんが友だちの話をしたときのことを思い出してください。Fさん，あなたが最近『ダメ』と返事したときは，1カ月前と比べてなにか異なっていましたか」と支援者が質問したところ，Fさんは「『ダメ』という言葉の勢いが小さくなっていた」と語りました。両価的な感情を正常と見なす支援者との関係のなかで，このような変化が起こったということができます。

▶ガイドライン５：新しい愛着の形を見つける

　Fさんはこの土地に引っ越してきて3年経ちますが，心を許して話をする相手を探し，愛着を新たに見つけることは難しいようです。しかし今，人に話しにくいことを支援者に対しては少し語り始め，新しい関係を築きつつあるといえます。そのことは，娘との間や夫との間，親世代との間で，小さな変化がさざ波のように広がっていくきざしといえるかもしれません。FさんがG子ちゃんの生まれた町について話をしたり，G子ちゃんのお父さんの今の生活について語り合ったりすることで，G子ちゃんが，家族3人で以前に住んでいた故郷やそこに暮らす人々に対する関心をもつようになるかもしれません。そして，その人たちにG子ちゃんの描いた絵を送るなど，現状に合ったつながり方や愛着を探すきっかけになります。

▶ガイドライン６：希望を見出す

　Fさんは被災後，喪失した安心を求めて新しい土地に引っ越してきました。しかし，そこでは濃い霧のなかをさまよう日々を過ごしていたともいえるでしょう。そのあいまいな喪失という霧のなかで，Fさんは支援者とめぐり会い，「出身地を誰にも話さない」ということを話しました。それまで3年間「話さない」時を経たのちに「話す」という変化を起こし，その後，あいまいさという霧がかかった状態に対して，少しずつ楽に対応するようになったといえます。そのきざしとして，Fさんは娘のG子ちゃんと気になることについて話し合う準備をしています。

　これからも霧は完全に晴れることはないかもしれません。しかし，初めて

会ったときに比べてFさん家族はより穏やかに歩みを進めていると，支援者が確信することにより，Fさん家族はさらに希望を見出して歩むのです。

このFさん家族についてあなたはどのように感じますか。また，そのように感じたことを，あなたは，Fさんにどのように伝えてみたいですか。筆者は「Fさんがこれまで誰にも『話さない』と決めていたことを，私に伝えてくださったのですね。きっと勇気がいることだったでしょう。話してくださったことを，私はとても嬉しく思います」と伝えたいと思います。支援者が感じる率直な思いを伝えることは，FさんとG子ちゃんの希望に，そしてFさんと夫との希望に，さらにFさんとその母親の希望にと，さざ波のように希望が広がるきっかけになるのではないでしょうか。

(4) 長期の歩みを支える

支援者は，FさんがG子ちゃんとの間で交わす日常のやりとりを具体的に聞いたあと，そのやりとりが日々の生活のなかで少しずつ変化し，その変化が家族のなかで広がる様子に目を向けてきました。ここで私たちができる支援は，Fさん家族がレジリエンスをさらに高めながら家族の発達段階を進むのを一歩離れて見守ることです。すると，ピッタリと寄りそっていたときには見えてこなかったような，Fさん家族のペースで歩みを進めているのが目にはいってきます（本書第5章）。解決が見えないあいまいな喪失と向き合う人々を支援する，最後のステップです。

3) 事例2の支援の振り返り

この事例2では，故郷を離れたのは自発的に選択した行動であり，一見苦悩を抱えているようには見えないかもしれません。しかし，ジェノグラムに加えて，家族ライフサイクルの発達段階から考えるという家族療法の「いろは」ともいえるツールを用いて，長期的な視点から事例を見立てました。あいまいさに終わりがないという状況のなかで，短期的には有効だった出身地を明かさないという対処法が，この家族の発達段階では，どのような課題に今後直面する可能性があるか考えたうえで，ボス博士が強調する心理教育を

取り入れながら，家族の物語に耳を傾ける基本的な支援を重視しました。

　その支援の流れを振り返ると，ボス博士がガイドラインについて解説している円環的な動き（第1章）と重なります。それは意味を見つけたあと，人生のコントロール感を調整するというような直線的なプロセスではなく，行きつ戻りつしながら，円環的に進むプロセスです。このような支援をするなかで，Fさん家族が健康な家族関係の歩みをしっかりと進めていくことを確信して，私たちは支援の舞台からおりることができます。

7　まとめ

　災害により引き起こされたあいまいな喪失では，その先どうなるか見えにくい状況が続くなか，災害後も家族関係の変化，病気，加齢などが重なり合うように襲いかかり，さらに厳しい状況に置かれることがあります。それは形あるものだけでなく，未来に対して抱いていた夢なども失うこともあります。私たちはいつどこであいまいな喪失に直面するかもしれません。終結という解決に至ることが難しいこの特殊な喪失は，周囲の人から理解を得にくく，また家族内でもすれ違いが起こりがちです。そのような過酷な状況と向き合いながらも心の健康を保つためには，人々との関係を保ちながら穏やかに暮らせるように，家族のレジリエンスを高める支援が重要です。

　そのためには，日常生活のなかでの周囲の人々との関係に注目することが大切です。ボス博士が「有効なコミュニケーションの取り方を知らなければ，対処や制御のプロセスが破綻し，レジリエンスが脆弱になります」（2006/邦訳 p. 97）と述べているように，この章では日々の暮らしの具体的なやりとりとコミュニケーションのとり方に目を向けた支援に重点を置きました。レジリエンスが育まれるとき，家族のやりとりに変化が生まれます。このような家族療法の考え方や方法を，あなたの支援活動に合わせて活かしていかれることを願っています。

コラム3

"あいまいさ"の使い勝手

生島 浩

　家族を手立てとする非行・犯罪からの立ち直り支援を専門とする私にとって (生島, 2016), 福島でのボス博士の講演, そして, 現在まで続く本書の編者らが主宰する「『あいまいな喪失』事例検討会」への参画は, 臨床家の源泉のひとつである。この小論では, 「あいまいな喪失」理論の実践現場での使い勝手のよさを痛感した事例を紹介したい。

　「明確化＝ make clear」こそが, 心理臨床 (に限るものではないが) の"神髄"であろうが, "あいまいさ"という臨床ツールの使い勝手は際立っている。アジアと大上段に構えなくとも, 少なくとも日本では, 学校での教師－生徒, 会社での上司－部下, そして, 家庭での親－子関係は, 家族臨床でいう「あいまいな境界」が特質である。親子間の「隠蔽された葛藤」や「情緒的離婚＝仮面夫婦」は, 欧米の理論に基づく家族療法からは問題視されるが, この嘘を含めた"あいまいさ"を単に明確化するだけでは, 家族関係が崩壊の道に至るのは必然である。

　私の"あいまいさ"への耐容を基本とする臨床例について, 必要な秘密保持の修正を加えて紹介したい。

事例1：大学附属臨床心理相談室での夫婦面接

　夫は30歳代。10歳年上の妻と出会い系サイトで知り合い, 昨年入籍した。妻は3度目の結婚, パニック障害などの診断を受けており, 病状急変のリスクを理由に実家での生活は変わることなく, 家事一切を母親任せにしている。

　一方, 夫は結婚後も出会い系サイトがやめられず, ときに浮気も発覚し

ている。妻は「最近,夫からセックスの要求がない」と訴えるが,昼間起きていることもままならず,夜中トイレの前で倒れてもSOSの声も出せずに,夫は爆睡のままという。

妻の弟（30歳代）は,10代からひきこもりで無職生活が続いているが,「（姉に）実家を出ていけ」と刃物を振り回しての強要が続いている。仕方なくアパートを探して2人の生活を始めようとするが,妻は夫の変わらぬ行状に大きな不安を抱いている。

さて,偽りに満ちた"あいまいな"夫婦関係を明確化するのが,家族療法の基本と教えられてきた。しかしながら,常識的には無理がある夫婦関係も,双方にとって何らかのニーズにそっているからこそ継続しているものと推認する。この"あいまいさ"に耐容すべきは,臨床家のほうではないだろうか。

事例2：高校のスクールカウンセリング

福島第一原発事故で避難地区にあった県立高校のサテライト分校が,今なお存在している。7年余りを経過すると,避難生徒の受け入れという機能も後退し,学力的・経済的にも諸事情を抱えた生徒の受け皿となっているのが実情で,なんと全生徒の1/3近くが児童養護施設から通学している。

プレハブ校舎で教室なども最低限しかなく,ハイリスクな生徒の比率はきわめて高いが,生徒指導や進路指導の部屋はもとより,部室もスクールカウンセラーの面接室も当然ない。この学校の存在自体が"あいまい"といえるだろう。

本事例の生徒も,両親離婚で家庭崩壊,それゆえに児童養護施設から通っている。通学路近くに住む母親は,ある事情から「引き取れない」と主張するが,未婚の姉は子どもを連れて「実家」に戻っていることを本人は承知している。

「高校を中退して,施設も追い出されれば親もとに戻れるのか」,本人の苦策も現実化しそうにない。面会交渉権のある父親にも連絡はできるが,

両親ともに養育者としては機能しておらず,「あいまいな喪失」状態といえるだろう。

　従来の児童福祉における子ども支援であれば,「親に頼らずに立派な大人にする」という自立支援策に説得力があった。しかし,頼りにならなくとも形は両親がそろっていては,それも現実に連絡がつくのであれば,子どもにとってはかえって許容しがたい現実なのではないか。

　親の「あいまいな喪失」は,子どもの自立にとって新たな阻害要因となっているのである。

文献
生島浩（2016）．非行臨床における家族支援．遠見書房．

コラム4

ボス博士「あいまいな喪失は，あいまいなままでいい！」のシステム論的な一理解

長谷川啓三

　宮城県の地元新聞で，「あいまいな喪失」の痛手を負った家族の手記が，これまでに報じられてきた。そこでは「まだ父の死が信じられなくて，毎週，この海に来ています」と涙ぐまれる方や，「多分，亡くなったのだろうが，そうなら遺骨の一片でも見つけたい」と自らダイバーの資格をとり，現在も家族の捜索を続けておられる方のことが報じられてきた。

　本書の主題である，あいまいな喪失。その心理的支援について，主唱者のポーリン・ボス博士は「あいまいな喪失は，あいまいなままでいい！」とおっしゃる。これには最初，驚かされる。そして支援の「目標」は，まずは，それに耐える力という側面も内包する，家族の「レジリエンス」を高めることだとおっしゃる。この博士の言葉について，同じ家族療法家として支援を遂行してきた者から見れば，以下のようにも理解される。

　博士は言われる，「私たちは苦痛は悪いもので，排除されるべきものと見なしています。しかし喪失，とくにあいまいな喪失が発生した場合には，しばしば苦痛は役に立つのです。苦痛は変化をもたらします。とくにあいまいな喪失という文脈ではさらに大きな（…）変化をもたらすことがあります。苦痛は機能を停止しますが，反対に変化のきっかけを提供することがあります」。

　次に博士は家族療法家らしく，こう付言される。「私の経験では人は少しでも変化のきっかけがあれば，まぎれもなく，それを選びます」。セラピーに携わっている方なら，どこかで聞いた言葉とは思われないか。このあたりは，MRI（メンタル・リサーチ・インスティチュート）という家族療法のメッカと呼ばれる研究所の名著『変化の原理』に，ミルトン・エリクソンが絶賛しながら前書きとして寄せられているものと同様の言葉である。

つまりレジリエンスが，家族で養えればそれに越したことはない。しかし，同時に，もう耐えられないという限界点で人は，その長引く「苦痛」ゆえに変化を起こさざるを得ないという，治療者側から見れば，必ずしも問題だけではない状況のひとつを得ることになる——そんな，いわば「変化の構造」になっているのだと思う。筆者が依る方法では「治療的な二重拘束」とやや似ている。

　ボス博士は，第一世代の著名な家族療法家，カール・ウィタカー博士の文字どおりの「お弟子さん」である。ウィタカー博士は，「変化のマジシャン」ともいわれた家族療法家であった。筆者はアメリカの学会でセラピーのデモをなさったのを見たことがある。クライエントの変化の終わりではなく，その「始まり」を，短時間で，目の前で，見事に見せていただいた。

　ボス博士は，その流れで学ばれた。そして家族療法の中心にあるスピリッツを間違いなく継がれた研究者でもある。「あいまいな喪失」という博士が育てられた大きな概念も実は，家族療法各派に共通するポストモダン思潮の枠組みに入ろうとするものである。それは「時計」に代表されるモダンな時間概念を飛び越えて，例えば死者をも，現存する家族として扱うことまで主張する。「苦痛」「喪失」についてもである。そして，実はこのことが，あいまいな喪失を体験した家族への接近について，家族には優しく，治療者には少しでも易しくしてくれるのである。

第3章

子どものあいまいな喪失

髙橋聡美・瀬藤乃理子

　愛する人を死別によって失うことも，愛する人を行方不明などの「あいまいな喪失」によって失うことも，どちらも人生にとって重大な喪失体験となります。これらの重大な喪失は，それを大人の時期に体験するのか，子どもの時期に体験するのかによって，その喪失の理解や認識がまったく異なります。そのため，重大な喪失を体験した子どもを支援する際には，大人と異なる喪失への反応やプロセスの特徴をあらかじめ理解しておく必要があります。

　この章でははじめに，災害が子どもの生活や心理面に及ぼす影響についてまとめます。次に，死別などの「確実な喪失」を体験した子どもに起こりやすいグリーフ[*1]の反応を述べたうえで，「あいまいな喪失」を抱える子どもたちを災害時にどのように支援していくかについて考えていきます。

1 災害後の環境の変化と子どもたちへの影響

　大きな災害を経験しても，年月が経つにつれ人々は生活を再建し，それぞれの人生を再構築しています。東日本大震災においても，数年が経過した現在では，ある人は今までとは別の場所に家を建て，またある人は新しいパートナーとの人生を歩み始めています。災害後の子どもたちのグリーフの歩み

[*1] 愛する対象を喪失した反応「grief」は，日本語では一般に悲嘆と訳されますが，「グリーフ」とカタカナ表記する場合もあります。子どもは大人に比べ，喪失に対する反応や死別後のプロセスが多様であるため，本章では「グリーフ」と表記することにしました。

を考えるとき，生活再建の過程で起こる環境の変化と子どもたちへの影響について，大人が理解しておくことが非常に重要です。

1）生活環境の変化

　例えば，新しい土地に引っ越して家を建てる場合，それは一見，希望に満ちた未来への一歩のように見えます。しかし，子どもたちにとっては，住み慣れた故郷を離れ，親しい友だちとの別離を伴った悲しい体験になる場合があります。

　筆者自身も経験があります。3歳の娘を連れ引っ越しをして3日経ったある日，娘が私に「ねえ，ママ。おうちに帰らないの？　おうちはなくなっちゃったの？　どうしておうちに帰れないの？」と質問をしてきました。「引っ越し」の説明を何度しても，娘は「元のおうちに帰りたい，おうちがなくなったの？」と聞くばかりでした。「あのおうちにはもう住めないのよ」と言うと，「おうちはあるのに，あのおうちには住めないってどういうこと？」と理解できません。「とにかく，ここでしばらくは暮らすのよ」と伝えると「お友だちにはもう会えないの？」と悲しそうな顔をします。娘は保育園で送別会もしてもらっていたのですが，どうやらその意味は理解していなかったようです。保育園の最後の登園日も，涙ひとつ見せず「またね！」と先生や友だちとお別れした理由は，彼女が引っ越しすることをよく理解していなかったのだということを，そのとき初めて思い知らされました。

　このように計画的に引っ越しをした場合でも，子どもは状況を理解できず混乱します。ましてや災害などで家を失う，あるいは経済的な問題で引っ越しをせざるを得ないといった理由で転居を強いられた場合，状況が複雑であるために，子どもの理解はさらに困難なものになりやすいといえます。

　歳月が流れれば，子どもたちのこのような問題も解決していくと考える人が多いのですが，東日本大震災から3年後に河北新報社が行った学校への調査では，「震災から時間が経過し，生徒の抱えていたものが表面に出てきたような気がする」「当時のことがフラッシュバックする子どもがいる」「避難訓練があると数日間，精神的に不安定になる子どもがいる」など，時間が経

過しているにもかかわらず，震災の影響と思われるさまざまな反応を示す子どもたちが報告されています（河北新報，2014）。阪神淡路大震災や新潟中越地震の調査においても，「心の健康について教育的配慮を必要とする児童生徒の数」や「心のケアにかかわるカウンセリングを受けた児童生徒数」は震災4年後が最も多く，むしろ時間の経過とともに心の問題が顕在化しやすいことが示されています（久保ら，2013；江澤，2012）。このように，子どもたちは喪失体験が起きた当時は感じなかった喪失感を，数年経過してから抱くこともあり，年月をかけて見守る必要があります。

2） 経済的変化

公益社団法人チャンス・フォー・チルドレンが，東日本大震災の被災地に住む子ども約2000人を対象に経済状況や教育環境を調査し，2015年に「東日本大震災　被災地・子ども教育白書」のなかで，その結果を公表しています（表3-1）。それによると，震災前と比べ，子どものいる家庭の経済状況は大きく変化していました。例えば，親の非正規労働や無職の割合が増加し，世帯所得が250万円未満の低所得世帯数も増え，全体的に経済的な喪失が見られました。

また，貧困世帯の子どもは低年齢の段階で学校の授業についていけな

表3-1　東日本大震災における子どものいる家庭の経済状況の変化
（公益社団法人チャンス・フォー・チルドレン，2015）

1. 震災前と比べて親の非正規労働および無職の割合が増加している
2. 震災前と比べて世帯所得250万円未満の低所得世帯が増加している
3. 貧困世帯の子どもは低年齢の段階で学校の授業についていきにくい
4. 低所得世帯の子どもほど平均の学習時間が短い
5. 低所得世帯の子どもほど通塾率が低い
6. 学習塾や習い事に通わない理由の多くが「経済的理由」である
7. 世帯所得100万円未満の子どもは，安心して過ごせる居場所がないと感じる割合が高い
8. 低所得世帯の子どもほど不登校経験の割合が高い
9. 低所得世帯の子どもほど自殺願望をもったことのある割合が高い

なっており，低所得世帯の子どもほど平均学習時間が短く，低所得世帯ほど子どもの通塾率が低い，という結果も出ており，経済的な喪失が学習の機会や習慣にも影響を与えることが示唆されています。

さらに，低所得世帯の子どもは不登校の経験が多く，「安心して過ごせる居場所がない」と感じており，自殺願望をもっている割合も高い，という衝撃的な結果が出ています。このように，経済的喪失は子どもたちの学ぶ環境を変え，居場所を失わせていることがわかります。他のいくつかの調査（例えば，河北新報，2014）においても，同様の結果が得られています。

3）家族関係の変化

新潟中越地震の7年後に久保ら（2013）が行った「新潟中越地震災害が夫婦関係やストレス，子どものメンタルヘルスに与える影響」に関する調査では，災害後に配偶者との関係が悪化したケースでは，母親の不安などのストレスや孤立感が高く，子どもはその後に発生した災害に必要以上におびえる傾向があることが示されています。

また，子どもにとって最も深刻な家族関係の変化は，大切な家族を失うことです。それは死別による喪失もありますし，災害時には行方不明という状況で失うこともあります。心理的にその影響が甚大であることはもちろんですが，父親など家庭の経済面を支えていた人を失うと，前述のような経済的変化とそれに伴うさまざまな困難な状況が生み出されます。逆に，母親を失った場合でも，父親は家事を担わなければならなくない状況となり，今までどおりの仕事ができず，収入が減るという事態に陥ることがあります。今まで母親が担っていた子育てや家事，子どもの送迎，学校行事などを父親が担うために，仕事時間や業務内容を変更せざるを得ない状況に置かれることも少なくありません。

あるいは親が早く帰宅できない仕事の場合，家事などの負担が子どもに重くのしかかったり，大人からの十分な養育を受けられない場合もあります。子どもが家事を担う，きょうだいが下の子どもの面倒をみるといったことは，一見，家族が支え合いがんばっている姿にも見えますが，「子どもが子ども

らしくいられる時間や空間」が減少する危険性についても，大人が注意をはらう必要があります。子どもにとって，甘えたりわがままを言える存在や場所は，安全基地として成長や発達の基盤となります。

　養育者が大切な人（親・配偶者・子どもなど）を失った場合も，家族を失った悲しみから，子どもの面倒を十分にみきれないことがあります。また，東日本大震災では福島第一原発事故によって，「母子疎開」と呼ばれるような，母親と子どもだけが避難して父親は被災地に残るといった，家族が仕方なく離散する状況も起こりました。転校などの環境の変化とともに，このような状況が長期に及ぶと，養育者の不在が子どもの心身に及ぼす影響について考える必要があります。養育者だけでなく，その家族の周囲にいる人たち，そして地域全体で，子どもたちを支援していく視点が非常に大切です。

4）東日本大震災後に被災地の子どもたちに起こったこと

　東日本大震災後，津波で甚大な被害があった地域や福島第一原発事故の周辺地域では，災害直後の避難が必要であった期間だけでなく，新しい生活を再構築する時期にも，引っ越しや転校を強いられた子どもたちが多くいます。また，もともと住んでいた町を新たに整備するために山が削られ，その土を使って海岸部の土地が埋め立てられ，住み慣れた山や海の景色も一変し，過去の懐かしい故郷の風景が失われました。災害後の「生活の再建」や「復興」と呼ばれるさまざまな営みや変化が，被災地の子どもたちにとって，そして大人たちにとっても，新たないくつかの喪失体験を重ねることになりました。

　また，震災から月日が流れ，親を亡くした子どもたちのなかには，親の再婚という体験をした子どももいます。新しい家族ができることは，家族としての再スタートであり，家族の再構築ともいえます。一方で，子どもには失った父親はたったひとりのパパであり，失った母親はたったひとりのママです。そのことを理解せずに，暗黙のうちに「亡くなった人のことは早く忘れたほうがいい」と周囲の大人は考えがちです。直接的な表現ではなくとも「新しいママができてよかったね」「新しいパパと早く仲良くなってね」といった言葉が，子どもには，あたかも新しくやってきた代わりの人と，早く仲の良

い関係を築くことを強いられているかのように感じられることがあります。子どもにとって，本当のパパやママは決して忘れることのない大切な存在です。しかし，寂しそうな顔をしたり，失った親のことを話したりすると，「新しいママがいるのに，まだ死んだママのことを想っているの？」「いつまでも死んだママのことを想っていると，新しいママが悲しむよ」と，子どもたちのグリーフが拒絶されてしまうようなことが実際に起こったりするのです。

再婚相手も，子どもが亡くなった人のことを語ると寂しい思いがしたり，自分ではダメなのかと自信をなくしたりします。そのことを子どもも敏感に感じとって，継父母への気遣いから，次第に自分のグリーフを表現しなくなっていく場合もあります。再婚という親の人生の再構築のなかで，子どもの心が置き去りにされることのないよう，私たち大人がその思いを尊重して関わる必要があります。

2　子どもの死別体験（確実な喪失）とグリーフ

「あいまいな喪失」の支援を考える場合，死別という「確実な喪失」を経験した子どもたちへの支援を知ったうえで「あいまいな喪失」に特有の問題を扱うほうが，より子どもたちが体験していることへの理解が深まります。そのため，ここではまず死別を体験した子どものグリーフについて説明します。

1）　発達段階から見る死別体験

幼い子どもたちにとって，喪失体験の多くが「あいまい」です。状況がよくわからないこともあれば，大人たちが「この子にはわからないだろう」と判断し，子どもに状況をきちんと説明していない場合もあります。また，子どもが死を理解する年齢は10歳前後とされており，死を理解できない年齢では，それが永遠の別れを意味することが理解できず，大切な人との死別を

経験しても，それが確実で不可逆的な別れであると認識されません（髙橋，2013）。子どもが成長して死という概念を理解し始めたときに，自分なりに状況を少しずつ飲み込み，そこから再びグリーフの歩みがスタートします。

　また，ひとりで生きていく力をまだもたない子どもは，自分の意志にかかわらず，大人の事情だけで引っ越しや離別などを経験することがあります。状況がよくわからない子どもにとって，大人の都合や判断だけで導かれた喪失体験の多くは，あいまいな喪失になるかもしれません。

2）発達段階における子どものグリーフ

　子どもの死の理解や喪失に対する反応は，発達段階とともに変化します。
　先にも述べたように，幼児期（3～6歳）という発達段階では，死は取り返しのつかないもの，死者は生き返らないもの，といった死の不可逆性が十分には理解できず，家族が亡くなったときも「いつ起きるの？」と周囲の大人に尋ねることがあります。眠っている状態と死の区別がつかないのです。また「いつ帰ってくるの？」と，いつまでもその人の帰りを待つそぶりを見せることも珍しくありません。例えば，「天国に行ったのよ」と大人が説明すると，「天国に出かけて，また帰ってくる」と思っていたり「自分が天国に会いに行けばいい」といった理解をしていることもあります。

　学童期前半（7～10歳）になると，大人では考えそうもない発想で，大切な人の死を自分と関連づけて考えていることがあります。「お父さんが津波にさらわれたのは私が悪い子だったからだ」「僕がママなんか大嫌いって言ったから，神様が海に連れて行ったんだ」など，災害による出来事を自分のせいだと思うような罪悪感を抱いたりします。

　死の概念の理解ができるようになるのは，学童期後半といわれています（髙橋，2013）。この年齢になると，多くの子どもが死を「生き返らないもの（不可逆）」「避けられないもの（不可避）」「誰にでも必ず訪れるもの（普遍的）」と理解できるようになります。その一方で，この時期の子どもは「なぜ死んだのだろう」「死んだあとはどうなるのだろう」といったことにも関心をもち始め，死に対する恐れも出てきます。

また，死別を体験した子どものグリーフの歩みはつねに現在進行形で，子どもの成長とともに変化していきます。

　例えば，乳幼児期に片親を亡くした子どもでは，最初は「大切な人の不在」を何となく感じる程度ですが，ある時期になって両親のいる子どもの家庭を見たとき，自分の家がひとり親であることに気づきます。「なぜ自分にはパパ/ママがいないの？」と疑問を抱き，そして「死んだんだ」と理解するようになります。さらに年齢を重ねると「『なぜ』死んだのだろう」と死の原因について考えるようになります。例えば「お父さんはね，震災で死んだのよ」と大人が説明をすると，子どもは「震災で『どんなふうに』死んだの？」と考えるようになります。そのような家族のやりとりを通して，少しずつ現状を受け入れていくなかで，死別体験があいまいなものではなく，明確な喪失として子どもたちのなかで体験されていきます。また，大きな節目の出来事のたびに「入学式のときに私だけママがいない」「結婚式のときに，お父さんと一緒にバージンロードを歩きたかった」「1回でも孫を抱いてほしかった」といった悲しみや寂しさを実感します。そのように人生の歩みとともにグリーフの歩みがあり，喪失を経験した子どもはグリーフとともに成長していくのです。

3) 子どものグリーフの歩み

(1) 死別に伴う子どもの反応

　大切な人を亡くした子どもの反応は，情緒面・行動面・身体面・社会面などさまざまな場面で現れます（表3-2）。これらのグリーフの諸反応の多くは大人と共通しているものもありますが，「ひとりでトイレに行けなくなる」「親から離れない」といった，いわゆる赤ちゃん返り（退行現象）は子ども特有の反応といえます。

　また，学校生活においても，授業に集中できず勉強が遅れる，普段よりも怒りっぽくなり，物や友だちに八つ当たりする，といったことが見られます。喪失の反応として「怒り」の感情が出現することはごく自然なことですが，自分の気持ちを言語化できない年齢の子どもは，その怒りを言葉ではなく行

表 3-2 大切な人を亡くした子どもの反応

情緒面	悲しみ・怒り・泣く・恐れ・不安・気分のむら・抑うつ・興奮・罪悪感
行動面	乱暴・落ち着かない・はしゃぐ・うわの空になる・何事もなかったように振る舞う・活気がない
身体面	頭痛・腹痛・倦怠感・めまい・食欲不振・不眠
社会面	退行・親から離れない・攻撃的な行動・ひきこもる・学習に集中できない

動で表現しがちです。集中力がなく勉強が遅れがちの子どもや、乱暴な行動をとる子どもは、大人からは単なる「問題児」のように見え、周囲の大人はその対応に苦労することが多いようです。しかし、その子どもが体験したことや、行動の背景にある心情を理解すると、それは子どもの悲しみの表現のひとつであることがわかります。

出現するグリーフの種類や程度は、子どもによってさまざまであり、泣いている子どもの悲嘆が深く、はしゃいでいる子どもの悲嘆が軽いということではありません。百人の子どもがいれば百通りのグリーフの表現がある、といっても過言ではありません。

また、「なぜ死んだの？」「死んだらどうなるの？」といった答えにくい質問が、子どもから投げられることもあります（表3-3）。そのようなとき、疑問を投げかけられた大人もまた、その問いに対する的確な答えを持ち合わせていないために、子どもの質問に向き合わずに軽くあしらってしまう場合

表 3-3 「死」に関する子どもの疑問

```
＊死んだのは，自分のせい？
＊僕（私）も死ぬの？
＊お母さん（お父さん）も死ぬの？
＊僕（私）も同じように死ぬの？
＊どうして死んだの？
＊死んだ人はどこに行くの？
＊死んだらどうなるの？
```

があります。子どもは，発達段階に応じて死の理解が異なるため，その時々でさまざまな問いを大人に投げかけてきます。その際，最も重要なことは大人の誠実さです。大人が子どもの質問や疑問に誠実に応えていくことは，子どもが大切な人の死を受け入れていく過程において，非常に重要な支援になります。

(2) 子どものグリーフに影響を与える要因

子どもは大人に比べ，愛する人を失った悲しみを体験しても，周囲からの支援があれば十分に回復する力があります。一方で，さまざまな理由で悲嘆が複雑化し，喪失への反応が顕著に長引いたり，身体症状やうつ的な状態が出現したりすることもあります。予期しない突然の別れ，犯罪や悲惨な事故といった暴力的な別れは，子どもの悲嘆を複雑化させるリスク要因として知られています。

東日本大震災による遺児のなかには，「予期しない突然の別れ」「経済的危機」「大人からの支援や愛情が足りない」「親が精神的に不安定もしくは子どもに依存的である」「罪責感が強い」「周囲の支援が不足している」といったリスク要因が，複数当てはまる子どもがいます。さらに家族が行方不明の場合は，「現実味のない死」に該当します。震災による喪失体験では，悲嘆が複雑化するリスクが高く，大切な人を失った子どもたちには十分な支援が必要であると筆者らは考えています。

3 子どもの「あいまいな喪失」とその支援

それでは，子どもが「あいまいな喪失」という不確実な喪失を体験した場合には，どのようなことが起こるのでしょうか。ここでは，家族のひとりが行方不明になった場合を想定して，子どもたちへの支援について考えていきたいと思います。

1）「家族が行方不明」という体験のなかで引き起こされる状況

　家族の誰かが行方不明になったとき，大人はさまざまな方法でその人を捜索します。捜査や安否確認で大人が混乱している間，たとえ家族のいのちに関わる重大なことであっても，その状況について子どもに十分な説明がなされていないことは，少なくありません。その理由は，単に子どもを気にかける余裕がないことや，「まだ小さいからわからないだろう」「傷つくから言わないほうがいいだろう」といった大人側の判断によることが多くあります。概して大人は，子どもは状況を理解するには「幼すぎる」ため，あらゆる痛みから「庇護すべき存在」であると認識するあまり，きわめて重要な事実を子どもたちに伝えないでいるのです。

　この状況は，子どもにとってみると，大切な人が「さよなら」を言わずに目の前から消えてしまったタイプ1のあいまいな喪失と，周りの大人たちがそれまでの様子と違うというタイプ2のあいまいな喪失を，同時に体験しているといえるかもしれません（表3-4）。大人が家族の行方不明を子どもに

表3-4　「家族が行方不明であること」が子どもに引き起こす可能性のある状況

タイプ1	タイプ2
心理的には存在しているが身体的には存在しない状況 〜「さよなら」のない別れ〜	身体的には存在しているが心理的には存在しない状況 〜別れのない「さよなら」〜
・大切な人の体が見つからない ・大切な人がここにいない	・大人たちが何か隠し事をしており，真実がわからない ・大人たちが捜索に忙しく，十分に世話をしてもらえない ・大人たちの心理状態が不安定で，子どもの世話ができない

注）ボス博士は，大人・子どもにかかわらず，不確実な喪失体験に追随する困難な状況をすべて「あいまいな喪失」と関連づけているわけではありません。「出来事や状況があいまい」で，かつ「家族に多くのストレス」を与え，そのストレスによって「家族が長期的に不適応状態に陥る，あるいはその危険性が高い」場合に，あいまいな喪失と名づけることが有効である，と考えています。

隠しているとき，子どもは「普段とはちがう」大人の雰囲気を察知します。何かを隠すためについたひとつの嘘のために，さらなる嘘が重ねられ，そのような嘘の連続のなかで，子どもはいつもと異なるエネルギーを大人から受け取ってしまうこともあります。

　また，大人が行方不明者の捜索に懸命であったり，そのことで疲れ果てていたり，愛する人を失って深い悲しみのなかにあるようなとき，しばしば子どもの養育に手が回らないことがあります。そのようなとき，子どもは不安のなかで放置され，疎外感や孤独感，理不尽さを感じながらも，その思いを口に出せない状況が起こりやすくなります。また，とくにきょうだいが行方不明になった場合は，両親の悲しみと精神的疲労は極限状態にあり，残された子どもは「自分がいなくなったほうがよかったのかな」といった想いに至ることがあります。そのような想いは自らの存在価値を揺るがし，自尊心の低下を引き起こす危険性をはらんでいます。そして，こうした体験は，きょうだいが行方不明になった悲しみ以上に過酷なものとなる場合があります。

2) あいまいな喪失を抱える子どもに関わる支援者の姿勢

(1) グリーフの歩みの主導権は子どもにある

　グリーフについて学んだ経験のある人は，自分は子どものグリーフについて理解しており，子どもであれば容易に支援できると思いがちです。しかし，グリーフの過程を歩むのはそれを体験している子ども自身です。支援する人がわかった気になり，良い方向に向けようと子どもをコントロールすることは，子どものレジリエンスを低下させることになります。子どもの体験してきたことや感じ方はそれぞれ異なるため，子ども一人ひとりの思いをくみとり，個々のニーズに応じて寄りそう姿勢が大切です。

　とくに「あいまいな喪失」の場合，家族のなかでも感じ方に顕著な違いが現れます。例えば，ある家族で母親が行方不明になった場合，上の子どもは「ママは死んでいる」と思い，下の子どもは「ママは生きている」と思っていたりします。同じ境遇に置かれたきょうだいであっても，とらえ方や感じ方が異なるのです。また，両方の子どもが，心の奥底では大切なママが「帰っ

てくるかも・こないかも」という気持ちのなかでつねに揺れ動いています。あいまいな喪失特有のこの両価的な感情は，大人であっても子どもであっても同じです。どちらかに決めさせる必要はなく，子どもの言葉に十分に耳を傾け，家族それぞれの思いが違ってもよいと伝え，その気持ちを十分に尊重する関わりが必要です。

　大人たちが行方不明の家族を「死亡」として扱う場合も，子どもの気持ちは大人の気持ちや事情と異なる場合があります。そのようなとき，子どもにはわからないだろうと放っておいたり，子どもの発言を無視したり，どうにかして諦めさせようと大人の意見を強いたりすると，子どもは気持ちを表現する場を失い，周囲の人たちに心を閉ざしていきます。それは，自分の気持ちを認めてもらえないという体験につながり，その子どものグリーフの歩みすらもさえぎってしまうのです。

(2) 子どもの葛藤と支援者の葛藤を区別する

　あいまいな喪失を抱えた家族のなかに子どもがいる場合，子どもを「蚊帳の外に置かない」ことが大切です。子どもに対して大人がつねに誠実に話し，その声に耳を傾けるとき，それがどんなに過酷な現実であろうと，子どもたちは家族の一員として喪失を受けとめ，しっかりと生きていく力をもっています。

　その過程のなかで，子どもが大人に対して質問を直接投げかけることもあります。家族が行方不明のとき，「パパは生きてるの？　それとも死んじゃったの？」という質問に対して，誰も答えることができません。大人は，子どもの質問に対して正しい答えを探そうとしますが，あいまいな喪失の場合，それは答えの出ない問いであり，あいまいさから生じる葛藤を私たちが子どもたちと共有することが大切です。「パパがいないことは，とても寂しいことだね。パパのことをよく思い出すのかな？　パパがいなくなったことを，○○ちゃんはどう思うのかな？」と子どもの質問をさえぎらず，パパのことを話してもよい環境をつくれるよう心がけましょう。周囲の大人たちと，パパがいない寂しさや苦しさを共有できるようになると，子どもたちは自分自身でグリーフの歩みを模索し始めます。

そのとき，ともすると子どもの支援にあたる大人は，子どもの悲しい表情や苦しい気持ちを早く終わらせてやりたいと思い，悲しみを早く沈めようと焦ったり，解決を急ぎがちになります。しかし，「早く終わせたい」「早く悲しみを沈めたい」というのは，支援する大人側の気持ちであり，子どもの気持ちやニーズではありません。喪失を経験した子どもを支援する場合，「今ある葛藤は誰が感じている葛藤か？」ということを，いつも念頭に置くことが大切になります。

　私たちは誰でも葛藤状態が続くと，自分の無力さを感じ，解決できない状況に焦ります。しかし，あいまいな喪失では，葛藤は必ず生じるものであり，その葛藤に対する支援側の忍耐強さが，子どもたちのレジリエンスを支える基盤ともなります。その意味では，支援者が自分自身をよく理解することが重要であるといえます（第5章参照）。

(3)　罪責感を軽減し，両価的な感情をノーマライズする

　解決をみない喪失のなかで，あいまいな喪失に苦しむ人たちは，絶望感や後悔，怒りなどのさまざまな感情が現れ，その感情はつねに揺れ動きます。また，答えや結論を出すことが難しい状況が続くと，人は心理的に前に進めなくなります。

　そのような状況のなかでは，大人と同様，子どもたちも「こんなふうに気持ちに踏ん切りをつけることができないのは，自分がおかしいからだ」と思ったり，「私がこんなふうだから，誰も私の気持ちをわかってくれない」と感じたりします。また，「あいまいな喪失」についてよく理解していないと，周囲の人たちも，子どもの発言や行動を「問題である」と解釈してしまいがちです。

　しかし，ボス博士も述べているように，その言動はあいまいな喪失が引き起こしているのであって，その子どもが異常なのではありません。あいまいな喪失によって生じるほとんどの感情は，そのような状況下では「当たり前で自然な感情」なのであり，それによって自分を責める必要がないことを，信頼できる大人から何度も伝えていくことが大切です。そして，支援する側の価値判断を押しつけることなく，子どもの言動に対しておおらかで寛容な

態度を保ちながらそばにいることが重要です[*2]。

4　家族を見る視点
　　——震災によってあいまいな喪失を経験した事例

　喪失を抱えた子どもが「問題行動」を起こしているとき，大人はその行動が起こらないようにその子どもをコントロールしようとしがちです。しかし，状況を詳しく見ると，子どもの問題は養育者が抱える困難な状況の延長線上にあることが多いと，筆者らは感じています。ここでは，あいまいな喪失を体験している事例を通して，その支援のなかでどのように家族を支援していくかについて考察します。なお，ここで用いられているのは，実在する事例ではありません。

1)　事例の概要——父親が行方不明になった小学生の姉弟

　小学校6年生（12歳）の女児Aちゃんと小学校4年生（10歳）の男児Bくんは，父親・母親（35歳）と4人暮らしで，父親の働く会社の社宅に住んでいました。社宅は父方の祖父母の家のすぐ近くでした。
　父親（30代）は普段は海から離れた場所の会社に通っていましたが，震災が起こった日はたまたま沿岸部へ営業で赴いていて行方不明となりました。津波に流されたと思われますが，詳細は今もわかっていません。母親は津波の報道を見たとき，「夫はきっとその時間は沿岸部にはいなかったはずだ」と判断し，「きっと戻ってくる」と思っていました。しかし，その後も父親の消息はわからないままでした。子どもたちにはしばらく「お父さんは

[*2]　おおらかで寛容な態度を保ちつつも，もし子どもの感情の表現方法がその子の安全を脅かすと大人（支援者）が感じたときには，ていねいにコミュニケーションをとるなかで率直にそのことを伝えることが求められます。また，あいまいな喪失に対する周囲の大人たちの反応，子どもへの説明の仕方，大人と子どもとの心理的な距離などによっても，子どもの気持ちや状況理解に大きな影響が出ることに，大人（支援者）はつねに注意をはらう必要があります。

仕事に行ったまま連絡がとれない」と説明し，沿岸部に行っていたことは伝えていませんでした。数日後，父親が乗っていた車だけが発見されました。震災から半年が経過し，母親と父方の祖父母との間で死亡届を出すことに決め，葬儀を行うこととなりました。この時点で初めて2人の子どもたちに，父親は発災時に沿岸部へ仕事に行っており，車だけが見つかったことが説明されました。

説明されたとき，Aちゃんは「パパはきっと泳いでどこかにたどり着いているはずだ」と言い張りました。一方，Bくんは「パパはずっと帰ってこなかったし，ママとおじいちゃんたちの様子もおかしかったから，津波にのまれたんじゃないかと思っていた」と父親が津波に巻き込まれた可能性があることを，以前からうすうす感じていたようでした。

葬儀には子どもたちは2人とも参列しましたが，Aちゃんは「お線香はあげたくない。なぜみんな，パパのことを死んだって勝手に決めつけるの？」と焼香を拒否しました。

それまで住んでいた家は社宅であったため，Aちゃんが中学校に進学するタイミングで，一家は母親の職場の近くである隣町に転居しました。転居先は母親がひとりで決め，事前に子どもたちに相談はありませんでした。父親は仕事中の被災であったため，普段の生活に困らない程度の保障がなされましたが，母親は子どもの将来のことも考えてパート職員から正職員となり，朝は子どもたちよりも早くに家を出て，夜は10時ごろに帰宅する毎日となりました。仕事が忙しく，そのような生活パターンになったために，母親と子どもたちとの会話は極端に減りました。また，食事は冷凍食品や惣菜を買ってくることが増え，掃除や洗濯などの家事の一部をAちゃんが担うことが増えました。

中学校に進学してから，Aちゃんは次第に学校を休みがちとなり，2学期からはまったく学校に行けなくなりました。一方，Bくんは新しい転校先の学校にもすぐ馴染むことができました。母親は多忙をきわめ，次第にAちゃんと母親は，学校に行かないことで衝突することが多くなりました。

母親は，Aちゃんが父親の死を受け入れないで心を閉ざし不登校になってしまったこと，反抗的で手に負えないことで深刻に悩んでおり，学校の担任

教諭に相談し，担任とスクールカウンセラーの3者面談を行うことになりました。そのとき，母親は「子どものためにと思って一生懸命働いていますが，私は仕事で手一杯の状態です。震災前のあの子はとても素直でいい子だったのに，別の子どもになったみたいに感じます」と肩を落として語りました。

2) 家族を見る視点

　相談に来た母親の主訴を確認すると，母親が困っていることは，①Aちゃんが父親の生存をあきらめきれないでいること，②不登校が続いていること，③自分に反抗的であること，の3点でした。

　第2章の説明にあったように，まず，母親の話をもとに震災前後のジェノグラムを2枚描き，それを見ながら家族の変化と，それぞれの家族が体験してきたことを整理していきます（図3-1）。

　この家族は震災で，一家の大黒柱であった父親を津波で失いましたが，まだ父親は見つかっておらず，タイプ1のあいまいな喪失を抱えている状況です。子どもたちに伝えるタイミングは遅れましたが，父親の死亡届の提出や葬儀を行う際に初めて，子どもたちに真実を説明しています。父親を死亡の扱いにすることについて，弟のBくんからは反論がなかったようですが，姉のAちゃんはどうしてもそれを受け入れることができませんでした。また，母親が多忙となり，話をする時間が極端に減ったこと，家事が十分にできなくなったこと，友だちがたくさんいた学校から転校しなくてはならなかったことも，姉弟にとっては生活が一変する大きな出来事であったと推察されます。

　家族全員がとても深い悲しみを抱えているにもかかわらず，あいまいな喪失を機に，とくにAちゃんと母親との関係性に亀裂が入りました。そして，Aちゃんはその苦悩や葛藤を，不登校という形で行動化しています。ただし，これまでの章でも述べてきたように，遺体が見つかっていない状況で，Aちゃんが父親の死を認められないことは当然のことであり，不登校や母親に反抗的であることも，あいまいな喪失に起因した反応と考えることができます。

　このとき，「あいまいな喪失」についての正しい理解がなければ，Aちゃんの状態を「問題」ととらえてしまい，「Aちゃんは，父親の死の受容が困

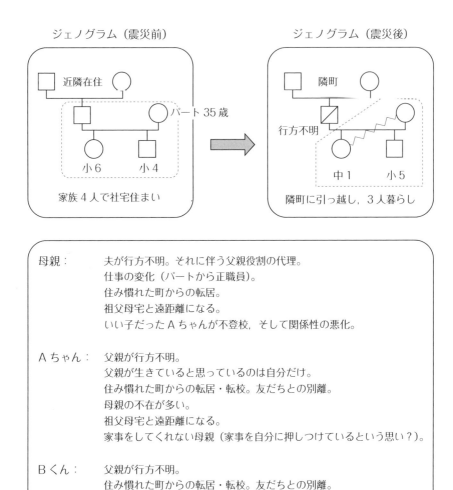

図3-1 家族のジェノグラムと体験の整理

難なために不登校になった問題児である」といった誤った認識になりかねません。その結果，家族内の葛藤や関係性に目が向けられないまま，Aちゃんだけが問題視される危険性があります。

　母親から相談を受けると，支援者はどうしても母親の目線で語られる主訴に対して，問題解決を目指そうとします。夫が行方不明となり，仕事も多忙となった母親の悲しみや困難さに共感し，支援者は「がんばっている母親にこれ以上，無理は言えない」と考えるかもしれません。

　しかし，あいまいな喪失を抱える子どものいる家庭への介入を考えるとき，ボス博士はいつも「まず第一に子どもの状況に目を向けなさい。そして子どもにとって最善の介入を考えなさい」と話されます。Aちゃんの側に立ってこれまでの状況を考えてみると，①父親が生きているとどうしても信じたい，②そんな気持ちを伝えているにもかかわらず，大人だけで決めて，父親の死亡届が出されたり葬儀が行われたりした，③自分たちに相談なしに転居や転校が急に決まった，④母親は忙しく仕事ばかりで，私たちのことを構ってくれない，⑤こんなに困っているのに，なぜお母さんは家事もせずに仕事ばかりなの？　といった思いがあるかもしれない，と推察できます。これらはどれも，Aちゃんの内面の感情を整理すれば済むような問題ではありません。周囲の大人，とくに母親との関係性や母親の子どもへの関わり方に目を向ける必要があります。

　母親が，夫を喪失したことへの悲嘆を抱えながら子ども2人を育てていくことは，並大抵のことではありません。また，夫の行方不明によって震災後，父親役割も担わねばならなくなりました。頼れる友人などがそばにいるかを確かめてみる必要がありますが，夫がいなくなり，祖父母の家も遠くなった今，精神的にも物理的にも母親が頼れる人はいなくなってしまった可能性があります。

　しかし，母親が子どもと向き合う時間がとれないほど仕事に埋没することは，Aちゃんの成長や発達にとって，そしてBくんの今後にとってどうなのか，支援者は冷静に考える必要があります。そして，そのことについて母親とよく相談する場をもつことが大切です。一見，今は何も問題のないように見えるBくんも，複数のあいまいな喪失を経験しています。母親との時

間が少なくなった今，母親と姉の口論を見ながら，Bくんはどのように感じているでしょうか。それはBくんの将来に何らかの影響を及ぼす危険性があるでしょうか。そのような視点をもちながら，家族を見立てることが大切です。

3) 支援の方法

　まず，来談者である母親の今までの苦労，そして今の苦労を慰め，ねぎらいましょう。母親は疲れきっているかもしれません。頼れる人がいなくて，現状に気持ちがついていかなくなっている可能性もあります。母親が支援者に頼ることのできる礎(いしずえ)を築くことが大切です。それは信頼関係です。母親は今，学校にSOSを出し，相談に来ました。支援を求めることができることは，この母親の賢明さや強さを表しています。母親自身がもっているレジリエンスを，この機会に最大に生かすことが大切です。十分にねぎらったうえで，子どもの目線で今回の父親の行方不明の経過を見るとどのように考えられるかについて，母親を責めることがないよう十分に配慮しながら，誠実に話をします。

　Aちゃんの不登校や反抗的な態度は，彼女の立場から見ると自然なことであるという認識をもってもらうために，「あいまいな喪失」について母親に説明するとよいでしょう。父親の行方不明によって，家族はまさに「あいまいな喪失」という最も対処が困難な喪失を経験していること，この喪失ではしばしば家族機能が膠着状態になり，家族一人ひとりの悲嘆が凍結して前に進めなくなることを，ていねいに説明していきます。そして，この現状で問題なのは「あいまいな喪失」であり，Aちゃんが悪いのでも母親に非があるのでもないことを伝えます。「Aちゃんの問題」にばかり注目している母親の視点を変えていくことが大切です。また，父親が見つからない状況では，このあいまいな喪失は長く続き，長期にわたって家族に影響を与えることも説明しておきます。これらの心理教育は，あいまいな喪失の支援で非常に重要な要素です。

　そのうえで，現在の子どもたちには，母親が直接関わる時間がもっと必要

であることを話し，現実的にどのようにすればよいかを，母親と具体的に話し合っていきます。母親の今の仕事の量や時間配分を，もう少し調整することができないでしょうか。そのために周囲の人を頼ったり，社会資源を利用してもよいかもしれません。AちゃんとBくんは人間関係を育む成長途上の段階にあり，姉弟がこの先，社会のなかで良い人間関係をつくっていくには，今の家族関係が基盤となります。その基盤をつくるためにできそうな具体的な手段や方策を，母親と一緒に考えていくのです。

　もしこのような話を母親と進めることができたならば，次の段階として，今後の家族の家での過ごし方や家事の分担などについて，可能であれば母親だけでなく，AちゃんやBくん，祖父母を加えて，家族全員で話をする場をもつことができないかを提案してみましょう。支援者もできるだけその場に参加し，家族それぞれが互いの意見を尊重しながら耳を傾けることができるように，ファシリテーターの役割をします。そして話し合いのなかでは，誰かに家事などの過重な負担がかからないように，家族の役割やルールを調整していきます。また，毎年の父親の誕生日や震災の日をどのように過ごすのか，これからも父親を家族としてどのような方法で大切にしていくのかについて，家族全員で話し合うこともよいでしょう。父親を想う互いの気持ちを共有するだけでも，このような家族の集まりは非常に意味があります。

　家族内で秘密にされていることを，このような家族の集まりの場で取り上げることもあります。死亡届や葬儀を出すことになった経緯についても，子どもたちには詳しく説明されていないかもしれません。そのような家族内での秘密を話題にし，親子のそれぞれの葛藤や思いを共有し，受けとめるプロセスを通して，母親や祖父母の苦悩やこれまでの状況を理解することが容易となり，子どもたちのレジリエンスが高まることもあります。

　機会があれば，子どもたちにもあいまいな喪失について説明してみましょう。通常，子どもたちは適切な情報を得ることができれば，非常に困難な状況のなかでも大人以上に適応力を発揮します。家族が体験してきたことを理解し，自分が尊重されていると感じる場をもつことによって，今は反抗しているAちゃんも母親の強い味方になってくれる可能性が十分にあると考えられます。

5 まとめ

　あいまいな喪失を抱える家族の支援にあたるとき，①あいまいな喪失という状態が異常なのであって，問題とも思える感情や言動の多くは正常なものであること，②グリーフの歩みもスピードも子どもそれぞれであり，その歩みの主導権は子ども自身にあること，③子どもだけでなく家族全体を見る視点をもつこと，という3点をとくに認識しておく必要があります。

　この章のなかで述べたように，子どもの場合，大人と比べてグリーフの歩みは人生そのものであり，非常に長期に及びます。「親を亡くした子どもたちの心の支援には，何年くらい必要ですか？」と聞かれたとき，筆者らは「その子が亡くした親の歳を超えるまで」と答えています。子どもたちとの伴走は長距離に及び，時間も長くかかりますが，その子がその子らしく生きることができるように，人生の主導権を奪うことなく，子どもたちの悲しみや葛藤とともに歩めればと思っています。

コラム5

あいまいな存在

渡辺俊之

　自己開示は精神分析的には甘えである。
　それはそうだ。他者, 聴衆, 読者, ときには患者に, 自分を語り, わかってもらいたいと思うのだから……。
　本来, 治療者や精神科医は, 自分のことを開示しないように教わる。精神分析では中立性と隠れ身が重要とされているので, 私などは40歳までは自分の家族について語ることも（考えることも）ほとんどなかった。ところが, 家族療法を本格的に学び始めると状況は変わった。家族療法家（ボーエン派やメディカルファミリーセラピスト）は, まず自己開示で講義が始まるからだ。
　ロチェスター大学の研修には原家族ワークがあり, 私は自分の生い立ちに再び向き合い, 自身の「あいまいな喪失」に決着をつけることになる。私の父は, 私が3歳のころに消えた。高校教師だった母の教え子と駆け落ちしたのだ。私と腹の中にいる弟を残して, ある日突然, 父はいなくなった。その後, 私たち親子は母の両親の家で育てられた。私の育った家では「父」のことは一切語られることはなかった。
　しかし, 私の心のなかには「父」はいた。父と母が言い争っている風景が原光景だったし, 時計職人だった父の職場に祖母と行った記憶も残っている。父は「あいまいな存在」として私の心に生き続けていた。医者になり結婚し, 息子と娘ができたあとも, 何となく父は心にいた。
　ただ, もう人生は進んでいたし, 「あいまいな存在」のまま置いておけばよいとも思っていたのだ。
　幻滅や怒りへの処理なども空想しながら, 私は母や弟に内緒で父を探した。もう死んでいるかもしれないとも思った（いや, 死んでくれれば

よいと思った)。故郷の探偵に頼んだら，1週間で父の所在を確認してくれた。40年近い「あいまいな存在」が現実として眼前に立ち上がる。父は生きていた。故郷の山の麓で……。私は，こっそり家まで見に行った。孫がいるかどうかを確認したかったのだ。小さな家には子どもの気配はなかった。そして私は長い手紙を父に書いた。

　父と会った。私には何の情動もわき上がらなかった。しかし，父は泣いていた。父は，再婚した妻(駆け落ちした女性)との間には子どもをつくらなかった。「お前たちがいるのに，子どもはつくれない」と言った。葛藤がわき上がるのがつらかったのだろう。

　こんなことも言った。「渡辺家には，がんはいない。でも俺は50代でがんをやっている，お前たちも気をつけなさい」。私はこの言葉のおかげで，50代にがんを発見し治療することができた。その父は大腸がんを克服し，90歳となり施設で生きている。がんサバイバーのモデルとしてまだまだ父は私を助けている。私のなかの「あいまいな存在」は確固たる存在になった。

　母に父に会ったことを告げると母は泣いていたが，「お前にとってはちっとは思い出があったんだろう」と語った。母のなかにも父はいたのである。

　あいまいな喪失で「あいまいな存在」とは不謹慎にも思えたが，このテーマを書きながら明確になったこともある。それは，現実の生死と心のなかの生死とは，まったく異なるということだ。

　この領域に関わる人は，「現実の対象喪失」と「心のなかの対象喪失」との相互性を考えるべきである。とすれば，「あいまいな存在」として心のなかに置くことも喪失に対する防衛になると，自分自身の体験を振り返って思うのである。

コラム6

死別を生きる子どもたち

西田正弘

　私は現在，宮城県仙台市を中心に震災遺児や病気遺児，自死遺児らと家族のためのグリーフサポートを実践している。子どもたちの死別体験は，何歳のときに誰をどのように亡くしたかによって一人ひとり違う。死を理解できる年齢か，亡骸に対面できたか，死の状況を教えられたかどうかで，グリーフや自尊感情，その後の育ちが大きく影響を受ける「全身全霊」の「まるごと」の体験であることを実感してきた。

　東日本大震災では2083人の子どもが父親や母親を亡くした。当時まだ母親のお腹の中にいた子から大学生までだ。なかには家族の内で自分だけ遺された子どももいる。親が行方不明のままの子，遺体は確認できたが対面していない子もいる。遺体の損傷が激しく子どもに見せることをはばかられたからだ。そんな子どもたちの心持ちを垣間見ることができる作文を，「3月10日まではいい日だったね　東日本大震災遺児作文集②」（2012年12月20日，あしなが育英会発行）より紹介する。

　「昨年のしん災でお父さんをなくしました。
　突然の出来事，津波で死んでしまったのと遺体も見ていないので本当に死んだという気持ちがわきませんでした。昨年は時がたつのが本当に早く，もう一周忌かと思いました。
　お父さんがなくなってから，お父さんに会っていません。この間一周忌やったときもお母さんには「お墓にいく？」と聞かれたのですが，私はなんか行く気になれませんでした。理由はわからないのですが」
　　　　　　　　　　　（中学1年生の女の子の作文，一部を抜粋）

「私のお父さんは，震災から4カ月後に発見されました。私はお父さんの死に顔を見たことがありません。というより見せてもらえませんでした。着衣はつなぎだけだったそうです。

　私にその姿を見せてはくれませんでした。でもその理由はなんとなく分かってはいました。かなしかったです。

　私とお母さんは，お父さんがどうやってなくなってしまったのかが分かりません。

　その理由は震災がおきたのは突然のことだったからです」

(中学1年生の女子の作文，一部を抜粋)

　行方不明，どこにいるか分からない。生きているのか死んでいるのか。津波による被害の大きさを知ればその中にいたとしたら助かってはいないだろう，生きてはいないだろうとは思いつつ死んだとは思えない心持ち。自分だけ亡骸に対面していないことで死を実感できない。家族が自分を思う気持ちを理解しつつもどこか釈然としない心持ち。

　当時お母さんのお腹の中にいた子も来年は小学1年生。死んだ人はご飯も食べない，話さない，うんちもしないことを理解し始める年ごろ。津波の凄まじさも知ることになるだろう。成長することは親の死に直面するということでもある。

　一方，幼いころに親をがんで亡くす子も増えている。がんを患った父親を自宅でみとった男の子が，3年ほどたって小学校6年生のとき書いた作文を紹介する(本人と母親の承諾を得て掲載)。

　　父さんへ

　しかたないことだってのは分かる。でもやっぱり好きにはなれない。まだおさなく小さかった子供置いていってふざけるな。なんで早くいわなかった。早くいえば早くガンがてんいする前に筋肉を取っていればたすかったかもしれないだろ，仕事だってやさしい同りょうにめぐまれている人だがらできたよな。でも分かってるそれもお父さんの自分なりのやさしさなんだろ。だからせめないでもキライだ。ゴメ

ンでも感謝しているありがとう。

　生きていくということを知る前に，突き付けられた「親の死」。さまざまに交錯する思い。子どもとしてはできることがほとんどない状況で直面せざるを得なかった死。
　子どものグリーフサポートの場は，このような子どもたちが訪れる場である。「遺されて，いかに生きるか」を子どもたち自身が試行錯誤する場である。その場で子どもたちに関わる私たちを，「あいまいな喪失」の理解は手助けしてくれる。私が肝に銘じたのは「状況が異常なのであって本人が異常ではないこと」である。最初に作文を紹介した女の子は，「そんなことをファシリテーターさんに話したら心がすごくすっきりしました」と書いている。男の子の「ありがとう」にレジリエンスを感じるのは私だけではないと思う。
　ボス博士は言う。「クライアントが経験している苦悩が確かにあるという証人になる」「人々が苦悩とともにより良く生きられるようにすること，それはおそらくこれからの一生を苦悩とともに生きられるようにすること」(Boss, 2006/ 邦訳 pp. 306-307)。
　子どもたちとの関わりで願わくは実践していきたい。

文献

Boss, P. (2006). *Loss, trauma and resilience: Therapeutic work with ambiguous loss.* W. W. Norton and Company. (中島聡美・石井千賀子（監訳）(2015). あいまいな喪失とトラウマからの回復——家族とコミュニティのレジリエンス. 誠信書房.)

あしなが育英会 (2012). 3月10日まではいい日だったね——東日本大震災遺児作文集. あしなが育英会.

コラム7 学校支援を通して見る,子どもの「あいまいな喪失」

中村志寿佳

　私が所属する,「福島大学子どものメンタルヘルス支援事業推進室」は,福島県内の子どものメンタルヘルス支援を目的として2014年4月に開設された。児童精神科医と臨床心理士のチームで編成されており,主にアウトリーチによる学校支援・地域支援・医療支援・支援者養成などの業務を行っている。学校支援では,福島県内の小学校・中学校・高校などを訪問し,心理教育のプログラムや個別のケース相談を行う。2016年度までの4年間で,小学校,中学校,高校,その他(幼稚園等)あわせて約5000校へ訪問し支援を行った。

　これらの支援における事例を通して見えてきた,震災後の福島県内の学校や子ども・家族の状況に触れ,子どもの「あいまいな喪失」について考えたい。

　福島県では,東日本大震災による福島第一原発事故により,避難指示区域にある沿岸部の学校は他地域への移動を余儀なくされ,他の学校の一部を間借りする,仮設校舎を建設する,使用していない建物を利用するなどによって対応した。また,放射線量や帰還の見通しが立たない状況もあり,2012年5月時点で,福島県の子どもの他県での受け入れ数は9998名,福島県内でも5473名となっており,多くの子どもが転校を経験している(文部科学省, 2012)。

　現在は,元の地域に戻り活動を再開した学校はいくつかあるものの,ライフラインの不十分さから地元に住む家族は少なく,ほとんどの子どもは他地域から時間をかけて通学している。

　ここで個々の家族に目を向けると,一軒家から借り上げや仮設住宅へ移り住んだ家族のなかには,拡大家族から核家族へ変化した事例も多い。こ

れにより，子どもと祖父母世代との関わりが減少した。また，親が単身で残り仕事を続ける家族，引っ越しを機に転職して親の不在が増えた家族など，それまで確保できていた親子の触れ合いの機会が減少した事例もある。他地域に家を建てた家族のなかには，避難者と受け入れ側の境界を強く意識して地域で孤立するなど，時間の経過とともに関係性にも影響が出てきている。これらの生活場面の変化は，「あいまいな喪失」に該当するものだが，実感がないまま見過ごされている状況といえるだろう。

　これらの状況により，子どもはどんな反応を示すのだろうか。当室の個別相談で対象となる事例のなかには，「クラスで落ち着かない」「友だちとのトラブルが多い」などの情緒面で不適応行動のある子どもがいる。また，身体症状の訴えや不登校傾向などの状態を呈する子どももいる。詳しく話を聞いてみると，過去に避難を機に何度も転校を経験していたりする。せっかく親しくなった友人とすぐ離れ離れになり，学習ペースも学校によって違うため，見通しがもてずに向き合うのを避けるようになる。学習面や対人場面で安定した関わりが継続できずに行動化する事例も多い。また，震災から数年が経過したあとに，当時の体験がフラッシュバックする事例もある。自身の体験や震災で亡くなった家族について，今まで話題にできずに何となく過ごしていたという。これらは，あいまいな状態が続くことで現れてきた子どもの反応ともいえるだろう。社会生活や学校への適応を目標とするのではなく，あいまいさを抱えながらも希望を見出せるようサポートすることが大切だと感じる。

　現在，福島県には，故郷への帰還を望む家族もいれば，新しい環境での生活を選択した家族もいる。どちらにしても，震災以前のコミュニティの「あいまいな喪失」を体験した家族が，故郷を思いつつも現地で向き合っていくために，その人のペースに合わせて寄りそう支援が必要であると，日々の支援のなかで痛感している。

文献
文部科学省（2012）．東日本大震災により被災した幼児児童生徒の学校における受入れ状況について（平成24年5月1日現在）．

第4章

あいまいな喪失とレジリエンス

黒川雅代子

1 あいまいな喪失とレジリエンス

　本章では，3組の家族の物語を紹介します。最初の2人の方は東日本大震災に関連したあいまいな喪失を体験されています。3人目は認知症の家族を介護されている方で，災害とは関連しません。しかし，災害後に認知症が悪化する事例も多く，被災地には認知症の家族を介護されている方もたくさんおられます。この方は，家族が同時期に2人認知症になるという経験をされました。しかし，2人の認知症の家族に抱く感情が，まったく異なっています。ひとりの人が複数の同じタイプのあいまいな喪失を同時に体験したとしても，その見方や対処方法が異なることがよくわかっていただけるかと思います。そのため，東日本大震災の被災地の方ではありませんが，紹介いたします。震災という特殊な環境下で起こったあいまいな喪失と，日常生活のなかで体験するあいまいな喪失，この両者の語りから，より総合的にあいまいな喪失について理解していただければと思います。

　ここで紹介する家族は，自分たちが体験していることがあいまいな喪失だと認識していたわけではありません。しかし，それぞれの家族が体験している喪失を，ボス博士が提唱するあいまいな喪失理論というレンズを通して見てみると，どんなふうに考えられるでしょうか。それぞれの家族が，何を喪失し，その喪失に揺さぶられながら，どのように歩もうとしているのか，人生物語のなかにある家族やコミュニティのレジリエンスについて考えながら，あいまいな喪失についての理解を深めてもらえたらと願っています。

人生物語の中心となる3人は，夫（正夫さん）が東日本大震災の津波によって行方不明の状態の香織さん，福島第一原発事故によって故郷の状況が以前とは変わってしまっている文子さん，認知症の夫（武さん）と母（美智子さん）を介護する真紀子さんです。
　なお，個人が特定されないように本人の同意を得たうえで，一部変更し紹介します。名前はすべて仮名を用いています。

2　義理の父の死，夫が行方不明の香織さん

　香織さん（43歳）は，東日本大震災までは義理の父（75歳），夫・正夫さん（47歳），長女（17歳），長男（12歳）の5人家族でした。
　正夫さんは子ども好きで，漁業を営むかたわら家事も積極的にこなし，共働きの香織さんを支えてくれる存在でした。そんなお父さんのことを，子どもたちはとても大好きでした。家族全員が海が大好きで，漁業の繁忙期はみんなで海の仕事を手伝うなど，とても仲の良い家族でした。

1）震災当日

　香織さんはその日，正夫さんがどのように津波に巻き込まれたのか，今もわかりません。以下の正夫さんの行動は，香織さんがいろいろな人から話を聞き，点と点をつなぎ合わせ，線にしていく作業を繰り返して推測したものです。しかし，一番知りたいところは，あいまいな状態のままです。
　正夫さんは，震災直後は海岸で仕事をしていたはずです。そして消防団員だった正夫さんは，おそらくいったん自宅に戻り消防団の半纏(はんてん)を着て，水門を閉めに行ったと思われます。正夫さんが海で作業をしていたことは明らかですが，そのあとは，同じ消防団員の人の証言をつなぎ合わせることしかできません。その日の混乱状況が物語っているのか，車に乗っていた，海岸にいたなど，それぞれの目撃情報の前後関係が不確かなため，正夫さんが海岸のどこで津波に巻き込まれたのか，今もわかりません。香織さんは，みんな

が気を使って，正夫さんの最期を言わないのではないかとも考えています。せめて遺体が見つかれば，最期のときのことを想像することができるのかもしれませんが，それがわからないため，今も気持ちの整理がつかない状態です。

2) 行方不明のままの死亡届

　震災数日後，海岸で義父の遺体は見つかりました。義父は，火葬してお墓に納骨することができたので，つらさはありましたが気持ちの整理ができました。しかし，行方不明の夫をお墓で感じることはできず，7回忌が終わっても気持ちの整理がつかずにいます。子どもたちも同じ思いをもっています。
　震災以降，町の人たちは，行方不明の状態であっても死亡届を提出し始めました。香織さんは，あの津波では難しいだろうとわかってはいても，どこかで生きているのではないか，生きていてほしいという願いがありました。遺体が見つからない正夫さんの死亡届を提出するかどうか，子どもたちに相談しました。子どもたちは，生きているかもしれないお父さんの死亡届を出すことに反対でした。ふと気がつくと，長男は正夫さんの携帯にメールを出し続けていました。その姿を見ていた香織さんは，子どもの心を踏みにじっているような感情に襲われ，苦渋の決断を迫られることになりました。正夫さんの死亡届を提出しなければ，津波で流されて失ってしまった家のローンを払い続けなければなりません。長年の夢でやっと家を建てて3年，住むことができない家のローンを20年以上も払い続けることは，到底できることではありません。また，これから子どもたちをひとりで育てていかなければなりません。悩んだ末，死亡届を提出することにしました。
　その決断は，簡単なことではありませんでした。しかし香織さんは，周囲の人からは淡々と手続きを進めているかのように見られているのではないかと感じていました。とくに，正夫さんの親せきからは「行方不明のままでいいじゃないの」「葬儀をするらしい」と冷たい視線を浴びているように思えてなりませんでした。子どもたちも，姉弟間で反応は同一ではなく，とくに長男は強く反対し，葬儀の際も不快感をあらわにしていました。しかし，震

災のローンが猶予されるのは3カ月，その間に死亡届を出すかどうか，決断しなければならないのが現実でした。

3) あいまいな喪失と現実

　正夫さんは家事を積極的に手伝う夫だったため，香織さんが大変だろうと長女が家事を手伝ってくれるようになりました。しかし，香織さんには父親と母親の役割，そして仕事と家事がのしかかってきました。

　香織さんはそんな日々の生活のなかで，夫は生きてはいないと思いながらも，夢で夫と会話をすると現実と夢のどちらが本当かわからない気持ちになりました。気持ちの整理がつけられない現実は，まさに終わりのない物語でした。

　人が亡くなる場合，きちんと最期を見届けて葬儀をしてお別れをする，それで気持ちの整理が始まります。そうではない別れはずっと心に引っかかって，何年経ってもその引っかかりがとれるものではありません。香織さんは，ずっと引っかかっているにもかかわらず，現実としては亡くなったこととして死亡の手続きを進め，葬儀を執り行い，それを子どもたちにも強いていることに対して，つねに罪悪感がつきまとっていました。また，もしかしたら生きているかもしれない人を，亡くなったとして手続きをしたことに対しての罪悪感もありました。自分たちは，海の中にいる正夫さんを探しもせず，あっというまに亡くなったこととして手続きをし，新しいぬくぬくとした生活を始めているような感覚に襲われていました。

　香織さんの毎日の生活は，仕事が忙しく，子どもにも手がかかりました。気持ちのなかではけじめがつかず，さりとて海岸を歩いてみても夫が見つかるわけではありません。香織さんは，現実生活とあいまいさのなかで，徐々に普通に仕事を続けることが困難になってきました。日常生活においても，正夫さんが行方不明であることを周囲の人が知っているため，つねに「かわいそうな人」として見られているようで，居心地の悪さを感じるようになってきました。そのため外では明るい顔をすることもはばかられました。ある日，笑っていたときにふいに「ご主人，見つかった？」と聞かれ，気持ちを

切り替えられずに,「まだ見つかっていないの」と明るく答えてしまったことがありました。そうすると,「この人何?」という目で見られたような気になりました。香織さんは,何年経ってもずっとかわいそうな人として生活し続けなければならないことに対して,窮屈さを感じるようにもなってきました。

　香織さんが日々の生活につらさを感じていたとき,長女が「つらい」「大学を休学する」と言い始めました。「負けちゃ駄目だから,とにかくあなたたちは勉強しなさい」と,子どもには言い聞かせていましたが,実は子どもたちのつらさを理解できていなかったのだと気づき,母親失格だなと思いました。そこで,自分には子どものために生きる時間が必要だと考え,「仕事を退職しようと思う」と子どもたちに相談してみました。すると子どもたちのほうが冷静で,「お母さんが仕事を辞めたら,生活はどうなるの?」,高校生の長男からは「僕の大学はどうなるの?」「辞めないで」と,意外な答えが返ってきました。小さなときは「仕事を辞めて家にいて」と言われ続けていました。それがいつのまにか子どもたちは大人になったのだなと実感する出来事でもありました。

　結果的に香織さんは仕事を辞め,1年間家で生活することにしました。その時間は,香織さんにとっても,ゆっくりといろいろなことを考える充電の時間になりました。子どもたちも強くなったと思えるようになりました。長女も大学に復学することができました。

　香織さんは一度,被災地支援に来ていた臨床心理士に,夫が行方不明であることを相談したことがありました。「家族で一緒に弔うことについて話をしたり,ときどきお父さんの話をしたりすることを繰り返していくうちに,けじめがついてくるのではないか」と助言をもらいました。

　日常生活のなかで,「今日はお父さんに手紙を書こう」と無理強いするのではなく,自然に子どもたちが書きたいと思ったら書くといった機会をつくりました。お父さんが行方不明であるということも含めて,どうして自分たちがそういう立場になってしまったのか,その現実をどう受けとめていくのか,時間が必要だと思いました。この震災を自分たちが体験してみて,私たちが背負うことになったあいまいな喪失やいろんな気持ちの揺れは仕方がな

いことだと考え，「もうどうしようもないこと」としてエネルギーを外に向けて生きていくこと，これは震災体験者がみな多かれ少なかれ経験していることではないかと思えてきました。

4） 家族で大切にしていること

　香織さんたち家族は，誕生日には互いにメッセージカードを贈ることにしていました。それは，家族で大切にしていたことでした。誕生日のメッセージカードは家族の宝物のようなものでした。それは今も続けています。家族のそれぞれのことを思って書くメッセージカードは，大きな生きる力となり，宝物となります。

　行方不明の正夫さんへの誕生日のメッセージカードは，震災直後は続けられていましたが，最近は綴られることがなくなりました。正夫さんの死を認めているのか，認めていないのか，あいまいさのなかで，徐々に誰に言われるでもなく，子どもたちは仏壇に父を思って手を合わせられるようになってきました。時間の経過のなかで，子どもたちも確実に大人へと成長し，天国で見守ってくれているような感覚をもち始め，仏壇に話しかけるようになりました。そんな子どもの気持ちを考えると，「お父さんにお誕生日のメッセージカードを書く」ことをするべきかどうか，香織さんには迷いがありました。いずれまたそれができるようになるかもしれませんが，今は答えが出せずにいます。

5） レジリエンス

　震災によって物理的には，5人家族が3人家族になりました。しかし，香織さんにとっては今も家族は5人です。

　香織さんは，震災によって失ったものはたくさんあるけれど，得られたものもあったと感じられるようになってきています。それは人と人とのつながりです。この震災を通して日本の国だけではなく，世界中の人々の支援がありました。多くの人が東北を訪れてくれました。香織さんは，家，車，衣服

などは失ってもまた取り戻すことができるけれど，被災地に支援に来てくれた人々との縁はお金で買えるものではないと，考えるようになりました。そういう人たちの縁をもらえたことは，何物にも代えることができないことだと感じています。

　震災直後，香織さんは瓦礫の山を見つめ，「どうしたらいいんだろう」という思いのなかで，絶望感を深めていました。「自分たちはどうなるのだろう」と，不安に襲われてもいました。そこにたくさんの応援隊が駆けつけ，何とか生きてこられたという体験をしました。多くの人の支援のなかで，絶望のなかを生きてこられたという体験は，失ったものを上回るような貴重な経験だったと，今なら思えるようになってきました。子どもたちともよく話をし，そのことがこれからを生きていくための基盤になっていると確信しています。人から受けた縁，支援してもらったことに対する気持ち，それがあって自分たちは生き延びられたということを，忘れないでいることが大切だと思っています。

　もし同じようなことがあったら，すぐにはこの恩をお返しできないかもしれないけれど，きっと何かで役に立てる自分になれるのではないかと思っています。

　しかしその反面，夫に対しては，やはり腑に落ちない感情が継続しています。死ななくてもよかった夫が亡くなったという気持ちは拭い去ることができません。消防団は基本的には無報酬です。この時代に人が手動で水門を閉鎖しに行くことに対して，納得がいきません。ある消防団では15分ルールというものをつくっているそうです。「15分経ったら，仕事を止めて退避する」ということです。もし正夫さんの隊にもそのルールがあったら，助かっていたと思わずにはいられません。香織さんは，うまく表現することができないけれど，消えない感情とずっと戦っていると感じています。香織さんはこの感情に自分がどう向き合ったらいいのか，まだわからずにいます。やはり通常の死別とは異なる感情を，子どもたちも香織さんもずっと抱え続けるのだろうと思っています。

　香織さんたち家族は，湧き上がってくる感情のなかで揺れ動いています。しかしそのなかで，正夫さんのことをいつまでも忘れないでいてくれる友人

がいて，お盆には手を合わせに来てくれる．そして自分たちも仏壇の正夫さんに話しかける．そうやって毎年，お盆を迎えて，歳を重ねていくのだろうという気持ちにはなってきています．

3 福島第一原発事故により故郷を失っている文子さん

　文子さんは，福島第一原発が完成した年に生まれました．文子さんにとって原発は，良い悪いは別として，つねにそこにある存在でした．
　文子さんは，同い歳の夫との間に3人の娘に恵まれて，平穏な生活を送っていました．震災当時，娘たちは中学1年生，小学5年生，小学1年生でした．

1） 震災当日

　震災当日，文子さんは福島第一原発から10 km以内の職場で大きな揺れを体験しました．あまりにも大きな揺れのため，その場にしゃがみこんでじっとしているだけで精一杯でした．当日は停電のため，地震だけではなく福島第一原発事故の情報もほとんど入ってきませんでした．
　地震の前から，子どもたちには，もし地震が起こっても，母は仕事を優先しなくてはいけない立場だから，自分の身は自分で守るようにと伝えていました．そのため，直後から子どもたちに対しては，「きっと大丈夫」という思いと，そばに行けないことに対する諦めがありました．

2） 震災以降の家族の生活の変化

　3月12日，福島第一原発から10 km圏内の場所に避難指示が出たため，30 km離れた避難所に一時避難しました．そのころには少しずつ情報が入り，10 km以上離れた場所で，福島第一原発の爆発音を聞いたという人の話もありました．

その後，文子さんたち家族は，県内の避難先でアパートを借り生活することになりました。子どもたちは，避難先の学校に転校することになりました。しかし，長女と次女は友だちと離れたくないと，転校には難色を示しました。
　長女は転校先の中学校では友だちをつくらず，学校でもひとりで本を読んで過ごすことがほとんどでした。中学校の先生からは，転校前の学校に手紙を書いてはどうかと勧められましたが，一文字も書けませんでした。気を遣った先生が面談もしてくれましたが，ただ泣いているだけでした。長女は転校先で中学2年生になっていましたが，多感な年ごろでもあり，「手紙に転校前の学校がよかったと書けば今の先生に悪い気がし，今が楽しいと書けば前の先生に悪い気がして，どちらにも気を遣って書けなかった」と，あとで文子さんに話しています。
　次女も，転校先では馴染むことができず，文子さんに「帰りたい」と訴えます。震災前の職場に継続して勤めていた文子さんに，「ママは職場に行けば知っている人がいるけれど，私には誰もいない」と話していました。一方，三女は転校先の小学校でも楽しく過ごせていたようです。
　長女と次女が，三女に「帰ろう」と呼びかけ，結局1学期が終了したところで，以前の学校に戻ることになりました。姉妹といっても，「元の学校に戻りたい」「転校先の学校が楽しい」と，気持ちは同じではないにもかかわらず，どちらかを選択せざるを得ない状況でした。
　結果，祖父母と子どもたちだけが地元に戻り，文子さんと夫は仕事のためアパートに残るという二重生活になりました。
　地元に戻ると，今度は三女がメソメソし始めました。まだ幼いため，両親との別居生活と友だちのいない学校生活が苦痛となりました。長女と次女は携帯電話を使い，友だちと連絡をとりあうことができました。三女にとっては，元の小学校に戻っても，そこは以前の小学校ではなくなってしまっていました。子どもは幼ければ幼いほど帰還している人が少なく，登校先は元の小学校の校舎ではなく，30 km圏外の別の場所でした。子どもたちは，毎日バスで登校していました。またバスで行った先の学校は，3～4校が合併しており，もう以前通っていた地元の小学校といえるものではありませんでした。放射能汚染の影響で，外で遊ぶこともできなかったため，ストレスのは

け口もありません。

　文子さんにとっても，子どもと離れた生活のなかで，家庭と仕事の両立はストレスが強く，いつしか涙が止まらなくなるなど，心身の不調が強まり，休職せざるを得ない状況となりました。文子さんは，仕事を休職し娘たちとともに暮らすことを勧められ，それに従いました。

　娘3人と文子さんは，震災以前の家に戻り生活を始めました。夫は単身赴任で週末に帰ってくる生活となりました。メソメソしていた三女も，少しずつ学校に馴染むことができました。半年後，文子さんは職場を変え，自宅から通えるところで仕事を始めました。

　現在は，長女は大学生，次女は高校生，三女も中学生になりました。あいかわらず夫の単身赴任が続き，思春期を迎えた娘たちと父親との関係は，微妙な形になっています。

　文子さんは，娘たち3人を見ながら，どの時期に震災を体験するかで，子どもたちの今後の成長に異なった影響が現れるのではないかと感じています。

　震災直後，地元の学校では多くの行事が中止になりました。長女を見て育った次女は，楽しみにしていた行事が実施されないことにとてもガッカリしていました。

3）震災以降やめてしまった家族の行事

　文子さんの家には，薪ストーブがありました。文子さん家族にとっては，薪ストーブは家族団らんの象徴のようなものでした。薪ストーブを焚くために，寒いなか薪を割ってくれるお父さんに感謝する，薪ストーブにはそんな意味もありました。

　しかし，震災以降薪ストーブを止めてしまいました。地元の木は，放射能汚染のため使用できず，薪そのものが手に入りにくくなりました。残念ながら，お父さんが帰ってきても，家族団らんそのものであった薪ストーブは消えたままでした。しかし，去年の春に家の除染作業が終わり，一種の禊（みそぎ），お浄（きよ）めが終わったように思えたこともあり，正月だけは薪ストーブをつけるよ

うにしました。文子さんは，たとえ娘たちが大人になっても，薪ストーブでピザを焼ける，そんな家族であり続けたいと願っています。

4) 家族のなかで触れないようにしていること

　文子さん家族は，放射能のことは，互いに触れないようにして生活しています。子どもとも，あえて互いに話をしていません。
　また，クリスマスなどの行事も震災以降しなくなりました。生活の場所が変わったことで，家族の行事はなくなってしまいました。また，互いにそのことについて触れることもなく過ごしています。それは，子どもが大きくなったからなのか，震災の影響なのか，はっきりとはしません。

5) 文子さんにとっての終わりのない物語

　文子さんは，自分にとって震災はいつ終わるのかと，よく考えます。夫が帰ってきて，一緒に暮らすようになったらなのでしょうか。しかし，福島第一原発が廃炉にならないかぎり，終わらないようにも思えます。福島にとっての震災は，過去のものではなく現在進行形です。原発が過去のものにならないかぎり，心の整理はつかないように感じています。
　文子さんたちの町は，福島第一原発の恩恵を直接受けていません。覚えているのは，学校の遠足で福島第一原発のサービスセンターへ行き，「安全ですよ」という説明を受けたことだけです。母親が漠然と「原発は危ない」と言っていたことを覚えています。
　震災以降，現在まで夫の単身赴任が続いています。娘たちは三者三様で，震災を体験した年齢も異なるため，どの年齢で父親と別々の生活になったのかによって，父親との距離感が異なってきています。

6) 震災と子どもたち

　文子さんは，自分の娘たちだけではなく，「この町の子どもたち」という

視点でも，震災を考えることがあります。震災直後の大変な時期が思春期で，震災イベントなどでにぎやかな時期を過ごした子どもたちがいます。イベントがほとんどなくなった時期に，思春期を迎えた子どもたちもいます。もっと小さな子どもは，家庭内の大変さや学校の違いなどでつらい経験をしているにもかかわらず，声を出せずにいたかもしれません。そんなそれぞれの子どもたちが社会人になって，土地を離れてひとりで生活するようになったとき，どう感じるのでしょうか。県外に出てしまうと，誰も福島の状況を理解してくれません。もしかしたら，福島の現状を知らない人が多いことに驚くかもしれません。

　また，この町に貢献しなければいけないと強く思わされている子どもたちもいるように感じています。もちろん，この土地を支えてほしいという思いはもっています。しかし，それは自分の意志でしてほしい，そのために子どもたちには，まずは「自由でいいのだよ」と伝える必要があるのではないかと感じています。

　それぞれの子どもたちがどのように成長していくのか，それには震災が影響しているのか，もともとの特性なのか，あまりに多様性があるため傾向などを示すことはできません。しかし，そこで成長した子どもたちがどのように社会に巣立っていくのか，この町の大人として見守っていきたいと考えています。

7）あいまいな喪失とレジリエンス

　町とコミュニティの喪失は，震災以降ずっと続いています。町に仕事がないため，人々は避難先に留まり，帰還できません。現在最もある仕事は，除染作業に関連したものになります。また，震災の影響か，仕事が長続きしない人々が増えているように思えてなりません。文子さんは，そんな人には「あなたのせいじゃないよ，自分を責めないで」と伝える必要があるのではないかと考えています。

　町は若い人の帰還者が少ないため，とくに高齢者が多い地域になってしまいました。これから先どうなるのかと，不安があります。

そんななか，文子さんが身につけたことは，「先延ばしすることで暮らしていく」「大事なことを決めない」ということです。「とりあえず」という言葉をよく使うようにしています。例えば，「とりあえず今日は」と考えるのです。解決できない状況をつくっているのは自分たちではない，私たちは被害者なのだと考えることにしました。この環境を自分たちで選んでいるわけではないのです。

　しかし，ふと考えます。今となっては誰が加害者なのかが，一番あいまいなことのように感じています。福島第一原発事故は人類が起こしたものだと考えると，人類が加害者となります。突き詰めると，加害者自体があいまいになります。そこでの文子さんの落としどころは，電気を使ってきた自分たちも加害者なのだということです。

　反面，加害者をあいまいにして，個々の問題を語ることには腹立たしく思えます。原発，廃炉の問題，でもそれをつくってきたのは人類そのものです。後世に同じ苦しみを体験してほしくはありません。だから，福島の現状については，これからも語っていきたいと考えています。

8）　歴史の喪失と町のレジリエンス

　福島第一原発事故によって，1000年以上続いた町の歴史が喪失してしまいました。しかし，1000年の歴史のなかでこの町は，おそらく度重なる危機に見舞われながらも再生してきた過去があっただろうと思われます。そして，再生させてきた先人たちは，今よりも少ない人口で成し遂げてきたことでしょう。文子さんは，町の行く末について，先人たちが成し遂げてきたことを，今の自分たちができないことはないだろう，そんな気持ちをどこかにもっています。それは，希望という言葉とは少し違う，歴史のなかの流れのようなものとして，感じられるようになってきました。

4　夫と母親が認知症の真紀子さん

　真紀子（68歳）さんは，夫の武（74歳）さんと2人暮らしでした。子どもは，長男（43歳），次男（41歳），長女（40歳）がいますが，いずれも結婚しており，同じ県内に暮らしています。真紀子さんのマンションの隣室には，100歳の母親，美智子さんがひとりで暮らしています。
　真紀子さんは現在，夫と母親が認知症になったため，同時に2人の介護をしています。そのなかで真紀子さんは，こんな気持ちを抱えています。
　「夫の認知症は受け入れられるけれど，認知症の母に対してはいろいろな葛藤がある！」
　真紀子さんの受けとめ方が，夫と母親とでなぜこのように異なるのでしょうか。真紀子さんの語りとともに考えてみたいと思います。

1）　夫の武さんが認知症に

　武さんは67歳のとき転倒し，頭部を打撲，硬膜下血腫と診断され，血腫除去の手術を受けました。当初は硬膜下血腫の後遺症かと思っていましたが，徐々に字が書けなくなり，ひとりで外出もできなくなってきました。
　温和な武さんは，自分でできないことが増えてきても，とくにイライラすることはありませんでした。自分なりに自覚していたところもあったようで，時間の感覚がわからなくなってきたころは，ひとりで外出するたびに時計を購入していたようです。時計があれば，時間が理解できると武さんなりに考えたのでしょう。いつのまにか自宅には，腕時計が10個くらい並んでいました。
　真紀子さんは，武さんが室内で放尿するなど，あまりに急速に進む認知機能の低下についていくのが必死で，あいまいな喪失という感覚をもつ余裕はありませんでした。
　そんな日々のなかで，先の不安だけが真紀子さんに強くのしかかってきま

した。真紀子さんは当初，認知症外来を受診した際，薬や検査を勧められるものと思っていました。しかし介護サービスの話ばかりされ，「なぜ治療してくれないの」と医師に対して不満をもちました。しかし，治療ではなく，起こってくることに対処していくしかなかったということを，介護のプロセスのなかで徐々に理解しました。

　武さんの認知症は，その後も急速に進行し，デイサービスからショートステイ，そして1年前にグループホームに入所しました。今では，自分で寝返りも打てず，言葉を発することもできません。

2)　認知症が進行していく夫に対して

　真紀子さんは，若いときから「夫に頼る妻」というタイプではなかったため，子どものようになっていく武さんのことは割と受け入れられたと感じています。武さんに対して，「以前の夫ではなくなってしまった」という喪失感をもつことはありません。武さんは現在，真紀子さんのことも理解できているのか不明な状態ですが，夫は夫，その関係性や見方については以前と変わらないと感じています。現在の武さんは，真紀子さんを見る目がうつろだったり，体が動きにくくなってきたりしています。そんな武さんに対して真紀子さんは，「動かなくてもかまわないよ」「安心して，安心して」と思っています。

3)　夫の介護を続けるための選択

　真紀子さんは，在宅で夫の介護をしていたときも，仕事を続けていました。介護のために仕事を諦めないと考えていました。友人との付き合いも同様です。介護サービスを駆使して，できるかぎり諦めないようにしようと思っていました。自分のやりたいことをやらせてもらっているという気持ちが，精神的なバランスを保つ秘訣だと考えています。

　真紀子さんは，武さんのグループホームへの入所について，ギリギリまで自宅で看たいという思いがありました。しかし，認知症や高齢期になったと

き，日常生活の介護はプロに任せ，精神的な面を家族が担うべきとの助言を友人から受け，当初抱いていた罪悪感も割り切ることができました。武さんが認知症であることについて，周囲の人にも隠さずに話すことで，支援を受けやすい状況になりました。

ケアマネージャーや家族，周囲の人が真紀子さんを気遣ってかけてくれる言葉が温かく，自分のことを心配してくれる言葉にほっとし，心に余裕ができる感覚を実感しています。

4) 母親の認知症に向き合って

真紀子さんは，6歳下に妹がいましたが生後11カ月で亡くなってしまったため，両親を介護できるのは自分だけだと考えていました。そのため両親は約20年前に自宅を処分し，真紀子さん夫妻のマンションの隣室に住むようになりました。その後父親が亡くなり，母親の美智子さんは，現在マンションの隣室でひとり暮らしをしています。美智子さんは現在100歳，身体的には健康ですが，5年くらい前から認知機能の低下が認められるようになってきました。結婚前の姓を名乗り，自分の母親を探すようになってきました。結婚前の家に帰ると言い，真紀子さんが「ここが家」と説明すると，びっくりするという毎日でした。美智子さんは，とてもしっかりしているときとそうではないときがあり，それが真紀子さんをよりイライラさせる原因になりました。真紀子さんのことを，自分の妹と間違えることもしばしばあり，妹のふりをして対応するとき，「私は誰なの」とアイデンティティの揺らぎを感じてしまいます。

夫の武さんとは異なり，ゆっくりとしたペースで認知症が進んでいく母親を介護しながら，真紀子さんは以前の母親を失ったかどうかもわからないという感覚をもっています。

真紀子さんは，夫に対する感情と母親に対する感情には，明らかな違いを感じています。夫には受容できていると感じ，母親には受け入れられないという感情が湧いてくるのです。

5)　以前の母親の喪失

　母である美智子さんは，優しいけれど強い人でした。とくにしつけに厳しかったわけではありませんが，「ごはんは一粒も残してはダメ。お百姓さんが一生懸命つくったものだから」と，真紀子さんは美智子さんから諭されて育ちました。しかし，現在の美智子さんは，ご飯を残し，行儀が悪いと感じるような食べ方をすることもあります。ご飯を残す美智子さんを見ると，「幼少時に言っていたことと違うじゃないの！」と腹立たしく思ってしまう自分がいます。認知症だから仕方がないと頭ではわかっているものの，「おかあちゃんどこに行った？」と聞く母親に，「自分の歳を考えてみてよ，100歳の人のおかあちゃんが生きていると思うの」ときつく言ってしまうこともあります。「何もそんなことを言わなくてもいいのではないの」と頭ではわかっていても，つい言ってしまうのです。

6)　親子の関係性とアイデンティティの揺らぎ

　真紀子さんと美智子さんの関係は，物理的には逆転してしまいました。何でもできる頼れる母親ではなく，介護する対象になりました。「自分の子どものようになってしまった」と思えれば，楽になるのかもしれません。しかし感情的には母親のままであり，そのため以前の母親ではなくなってしまった状況を受容できずにいます。
　夫婦は互いに自立した段階で出会って生活を始めます。しかし，母親は自分自身のアイデンティティの形成に大きく関与した人です。物事の善し悪しの判断基準を教えてくれた人といっても過言ではありません。アイデンティティの形成に一番根本で関わった母親から，以前と異なったことを言われると，「あなたから教えられたことよ」と言いたくなってしまいます。美智子さんの意識がはっきりしているときもあるため，真紀子さんは余計に混乱してしまいます。

7）母親の介護を続けるための選択

　真紀子さんは，美智子さんを最期まで家で看たいと考えています。そのために，大切にしていることがあります。それは，一緒にいない時間を多くつくるということです。
　まず，マンションの隣室同士の関係を維持し，一緒には暮らしていません。夫がグループホームに入所した現在，真紀子さんも実質的にひとり暮らしです。しかし，あえて一緒に住まないことで自分の時間を確保し，夫と母親の介護と自分自身の生活のバランスを保っています。
　そして，ご飯も一緒に食べません。真紀子さんは自宅で美智子さんの食事をつくり，美智子さんの家に運びます。そして，一緒に食べるふりをしながら，自分は食べません。自宅に戻り，好きなものとワインを1杯，ひとりの時間を大切にしています。また，夜も一緒に寝ないようにしています。そうすることで自分の睡眠時間を確保しています。真紀子さんは，仕事が休みのときも美智子さんと一日中一緒にいることはしません。美智子さんが朝食を食べるときに一緒に過ごし，洗濯やベッドの片づけして，「隣にいるね」と言って自宅に帰ります。そしてまたお昼に行きます。
　他人から見たら，「なぜ一緒に住まないの？　食事をしないの？」と思われるかもしれません。しかし，そうしたら自分がつぶれるという直感があるのです。

8）あいまいな喪失とレジリエンス

　真紀子さんにとって，自分を理解してくれる人の存在は，認知症の夫と母親を介護するエネルギーの大きな源になっています。
　真紀子さんは，人生のなかで苦境に陥ったとき，自分のなかの考え方，受けとめ方を変えることが一番の打開策だと考えてきました。しかし，自分のなかの受けとめ方をどうがんばっても自分では変えられない，受け入れられないと感じたときは，どこかで対処することをやめ，平静さを保つという方

法をとってきたように感じています。例えば，今回の場合でいうと，母親の介護の方法です。自分のなかでは，本当はもっと受けとめ方を変えて，母親のそばにいる時間を増やしたほうがよいのではないかと思うこともあります。夜一緒に寝ることは体力的に難しいかもしれないけれど，ご飯くらいなら一緒に食べてもいいのではないかと思うときもあります。しかし，あえてそれをしない，対処しないことで，自分自身のバランスが保てると感じています。

　真紀子さんは，実の親子の介護の場合は，幼いころからの成育過程が介護者の心理に気づかないうちに大きな影響を与えていると，今改めて考えています。そのひとつが，最期まで母親の介護をしようと思っていることです。小学1年生のときに，まだ11カ月だった妹が亡くなり，両親がとても悲しんでいる姿を目の当たりにしました。そのとき，「私は必ず親より長生きして最期まで看取る」と，幼心に決心したことを今でも覚えているからかもしれません。

5　3組の家族を通して考えるあいまいな喪失

　ボス博士は，2012年に来日した際「あいまいな喪失への介入目標は，何年間も，生涯にわたって，あるいは世代を超えて未解決なままになる可能性がある喪失に対し，レジリエンスを高めることです」「家族やコミュニティのサポートを得ることができれば，大部分の人たちは災害から回復することができるのです」と，力強い言葉を述べました。

　本章で紹介した3組の家族の物語を，ボス博士の理論と照らし合わせてみるとどのように見えてくるのか，以下に筆者の考えを述べます。

1）　香織さんたち家族のレジリエンス

　香織さんたち家族は，夫・父親が行方不明であるというあいまいな喪失と向き合わざるを得ない環境に置かれました。まさに香織さんたち家族は，正

夫さんと「さよなら」のない別れ（タイプ1）を体験したのです。

　まず，香織さんの語りからは，行方不明者家族に特有の苦しみが明らかになりました。震災直後の混乱状態の時期に，気持ちはあいまいな状態であっても，制度を利用するために死亡届を提出しなければなりませんでした。香織さんは，正夫さんや子どもたちに対して罪悪感を抱く一方で，周囲の人からは冷たい視線を浴びているように感じていました。

　ボス博士は，行方不明者家族が，現実的な課題に対処するために死亡届を提出することと，死を認めることとは別のことであると述べています。これはボス博士が繰り返し述べる「AでもありBでもあり」という考え方になります。香織さんたち家族のように，行方不明の状態の人の死亡届を提出することに罪悪感を抱いていた方は，おそらく多かったのではないかと考えます。あいまいな喪失理論では，生死が明らかではないにもかかわらず，死亡届を提出せざるを得ないということは，特殊な環境によって起こっていることであり，その状況こそが異常なのだと説明しています。ボス博士は，このように問題を外在化することで，その家族の抱える罪悪感を緩和し，自尊心の低下を防ぐことができると述べています。

　次に，香織さんたち家族のもつレジリエンスに着目したいと思います。

　香織さんには，あいまいな喪失と向き合うことと，仕事，家事，子育てという役割がのしかかっていました。香織さんが日々の暮らしにつらさを感じ始めたころ，長女も「つらい」「大学を休学する」と訴えます。一般的に考えれば，家族の危機です。しかし，このことが香織さんたち家族のレジリエンスを高めるきっかけになったのではないかと考えます。香織さんが子どもたちに仕事を辞める相談をすると，その答えは意外にも「辞めないで」という言葉でした。香織さんはその答えから子どもたちの成長を感じ，子どもたちは香織さんの言葉で自分たちの生活と将来を考え，それが相乗効果となり，あいまいな喪失に向き合うための家族のレジリエンスが高まったのではないかと考えます。

　臨床心理士からの助言もあり，香織さんたち家族は，現実をどう受けとめていくのか，時間をかけて家族のなかの正夫さんの位置を再構築していくことを模索しました。

また，香織さんたち家族は，正夫さんが行方不明であるということも含めて，自分たちがこのような立場になってしまった現実を受けとめていくには時間が必要であることを理解し，エネルギーを外に向けて生きていくことについて考えています。世界中からの支援があり，瓦礫の山，絶望のなかを生き延びてきたという体験は，香織さんたちにとって，震災で失ったものを上回るような貴重な体験だったと時間の経過のなかで思えるようになりました。そして，そのことを子どもたちともよく話し，それがこれからを生きる基盤になっていると確信しています。
　これらのプロセスのなか，子どもたちは，行方不明の正夫さんに対して，自然に天国で見守ってくれているような感覚をもち，仏壇に話しかけるようになりました。香織さん自身は，「わき上がってくる感情のなかで揺れ動きながら，お盆に手を合わせに来てくれる友人たちとともに，仏壇に手を合わせ正夫さんと話をする，そうやって歳を重ねていくのだろう」と，感じるようになりました。正夫さんが行方不明であることに対して解決をつけることはできませんが，ボス博士が述べている，あいまいな喪失をもちながら，人生に意味を見出し，豊かに生きていくことを目指す生き方とは，このような姿ではないかと考えます。

2)　文子さんたち家族のレジリエンス

　次に、福島第一原発事故によって避難を余儀なくされた文子さんたち家族は、突然に故郷の町と「さよなら」のない別れ（タイプ1）を体験しました。長女、次女は、以前の学校に思いを残したまま新しい学校に馴染むことが出来ませんでした。一方、まだ幼い三女は、避難先の学校によく馴染んでいました。
　その後子どもたちは、長女、次女の強い希望で、避難元である以前の学校に戻ることになり、祖父母の家に住むようになりました。しかし、市外の見知らぬ仮校舎にバスで通学し、また避難から帰ってきている生徒も極端に少ない学校は、以前の学校ではありませんでした。ここで三女は、もうひとつのあいまいな喪失——別れのない「さよなら」（タイプ2）を経験するこ

とになるのです。このとき，両親は避難先にそのまま住むことになったため，両親との別居というストレスが加わった状態で，あいまいな喪失に向き合うことになりました。

　一方，文子さん夫婦は，故郷に思いを残しながら，子どもたちと離れて暮らす生活が続きました。そのうちに，文子さんが心身の不調をきたしたため，子どもたちと一緒に震災前の家に住む選択をしました。その結果，文子さんたち家族は，夫・父親の単身赴任が続くなか，以前と異なる故郷と向き合いながら生活しています。

　複数のあいまいな喪失を経験しながら震災後を生きていくなかで，文子さんは自分自身の家族とともに震災体験や変化する故郷の姿をとらえ，価値観やアイデンティティを変容させていったのではないかと考えます。その視点は，町の子どもたちや町全体，コミュニティへと広がっています。そして，1000年続いてきた町の歴史と先人の知恵を信じることで，この町に寄りそっていこうとしているように見えます。そのため，文子さんの目は，家族と町全体に向けられます。コミュニティが抱える課題（子どもたちの将来，高齢者が多い地域，仕事が長続きしないことなど）を，ただネガティブにとらえるのではなく，この町の歴史，培ってきた文化，人々の知恵，コミュニティの力，そこに希望を見出そうとしているのではないでしょうか。

　文子さんは，この町で生きていくための強さとして，解決がつかないことに対して「先延ばしすることで暮らしていく」「大事なことを決めない」「とりあえず」という考え方を身につけました。それは，ボス博士が述べる「人生のコントロール感を調整する」ことを意味するのではないかと考えます。コントロールできないことを受け入れることで，町に対する無力感や怒りを軽減させ，平静さを保とうとする文子さんの知恵なのかもしれません。

　福島第一原発事故によって変わりゆく故郷について，コントロールできないことを受けとめてしなやかに生きようとする姿に，文子さんが獲得してきたレジリエンスを見出すことができます。

　文子さんは，思春期になった娘たちと別居する父親との距離感を心配しながらも，家の除染作業が終わったことをきっかけに，お正月だけは薪ストーブをつけることにしました。お正月に家族が集まって薪ストーブを囲む，そ

してたとえ娘たちが大人になっても，薪ストーブでピザを焼く，そんな家族であり続けたいという未来の家族像は，家族のアイデンティティを再構築させ，新たな愛着の形をつくり，家族の希望へとつながっていくのではないかと考えます。

3) 真紀子さんのレジリエンス

最後に，認知症の人の家族が抱えるあいまいな喪失について考えたいと思います。

認知症の介護に向き合う真紀子さんは，急速に認知機能の低下が進む夫の武さんと，緩やかに認知症が進んでいく母親の美智子さんの介護のなかで，2人に対して異なった感情を抱いていました。真紀子さんは，友人の助言やケアマネージャー，家族の気遣いにほっとし，心に余裕ができたと語っています。これらは，介護者の負担を軽減させ，レジリエンスを高める重要な要素であると考えます。にもかかわらず，真紀子さんが認知症の家族に抱くあいまいな喪失に対する支援の視点は，誰もが持ち合わせていなかったのではないでしょうか。

真紀子さんにとって母親は，物事の善し悪しの判断基準を教えてくれた，まさに自分のアイデンティティの形成に大きく関与した人物です。そのため，真紀子さんは，母親の変化に対して受け入れられない感情を抱いていました。そんな真紀子さんが，介護を継続するために大切にしていたことは，美智子さんと一緒にいない時間を多くつくるということでした。このことをボス博士の理論で説明すると「コントロールすることと受け入れることのバランスをとる」ことと「自分自身を気遣うことはわがままではなく，愛する人を介護するため」(Boss, 2011/2014) だと考えられます。認知症の人の介護は，自分自身の生活をコントロール不能にしてしまうかもしれません。しかし，ストレスを和らげるために，自分でコントロールできるものを見つけることの重要性を，ボス博士は示唆しています。真紀子さんは，生活のなかでコントロールできるところを維持し，自分自身を気遣うことで，あいまいな喪失に向き合うためのレジリエンスを高めているようです。

しかし，従来から家族介護に力点が置かれ，文化的に家族が負担を背負いながら介護すべきという意識が高い日本社会のなかで，真紀子さんのように，日常生活と介護のバランスをとることは容易ではないかもしれません。日本の介護現場のなかでは，今なお家族介護者のかかえるあいまいな喪失に対する視点が，抜け落ちているのではないでしょうか。認知症介護において，あいまいな喪失理論による支援を行うことは，家族レジリエンスを高めることにつながるのではないかと考えます。

　香織さんにボス博士のあいまいな喪失理論を説明した際，「私たちがやってきたことは，けっこう高得点だったのですね」と笑っておられました。本章で紹介した3組の家族の物語から，あいまいな喪失に向き合うこととそのためのレジリエンスを高めることについて，見出していただけたらと思います。

コラム8　記者として，家族として

黒田大介

　その寺院は高台にあり，彼方に広がる海は穏やかだった。「遺影」の彼女は和やかな表情だった。

　2011年3月11日，故郷の宮城県石巻市が津波で壊滅。同年11月，行方不明の友人の葬儀が市内の寺院で営まれ，私も参列した。ご家族は，気持ちに区切りをつけるため，死亡届を提出し，葬儀も行うことにしたのだと思う。

　目を閉じて読経に聴き入りつつ，悲しみの置きどころを探し続けたが，見つからなかった。挨拶に立った喪主は，言葉を絞り出そうとして，ついに果たせなかった。宙ぶらりんのまま，葬儀は終わった。

　心にわだかまっていた名状しがたい感覚に言葉が与えられたのが，2013年に岩手県盛岡市で開かれた精神障害者家族支援の講演会だった。講師の後藤雅博医師が，行方不明者家族や精神障害者家族に特有の心理を理解する手がかりとして「あいまいな喪失」に言及し，「さよならのない別れ」と「別れのないさよなら」という2つのタイプを解説してくれた。あの日の光景を「さよならのない別れ」として見つめ直すと，悲しみの輪郭が少し明瞭になった気がした。

　「あいまいな喪失」は，もう1つの個人的体験にも，言葉を与えてくれた。2006年春，妻が統合失調症を発症。妻は，妻でありながら，どこか，妻ではない。発病前と発病後の微妙なズレが，どこまでも結び合わない。この不思議な感覚は「別れのないさよなら」に起因していたのだろう。

　「あいまいな喪失」への気づきは，岩手県の地方紙「岩手日報」の記者

として，心の復興の多様な道のりを報じていく視座としても，行方不明者の家族を取材する際の心構えとしても，貴重な知見となった。

　本紙では震災一周忌以来，県内の6千人超の犠牲者・行方不明者の人となりを顔写真つきで紹介し，生きた証とする企画「忘れない」を継続しており，あわせて遺族・家族のアンケートも行っている。

　行方不明者家族の悲嘆については，2015年3月に報じた震災4年の遺族・家族アンケート特集で初めて着目。その結果，「（夫は）海で寒い思いをしているのかも」「どこでどうしているのか。気持ちの整理がつかない」「いつか帰ってくる気がして泣ける」など悲痛な声が多く寄せられた。

　2017年3月の震災6年アンケート特集では，七回忌の節目に際し，家族の犠牲・行方不明を受け入れられているかについて質問したところ，4人に1人が心の整理をつけられていないことが明らかになった。さらに，行方不明者のいる人は，いない人より「受け入れられていない」傾向も浮かび上がった。震災から時を経るにしたがって，遺族と家族の心模様の違いが際立ってきたといえるかもしれない。今後とも，ひとりひとりの悲しみに寄りそう報道を模索し続けたい。

　災害グリーフサポートプロジェクト（JDGSプロジェクト：コラム13参照）の活動や本紙の報道などを通じ，被災地では「あいまいな喪失」の理解が少しずつ広がっている。今後は，行方不明者家族の悲嘆からの回復に寄りそう長期的な支援スキルの普及が期待される。

　ここで注目すべきは，被災地の仏教者らの語りの豊かさだ。地域の歴史，文化，風土に根差した宗教的文脈から紡がれる言葉は，遺族や家族の魂の救済に大きな役割を果たしていると感じる。

　そのひとり，大槌町吉里吉里・吉祥寺の高橋英悟住職の語りの一端を紹介させていただく。

　　「人は生まれてきた以上，いつか帰る日が来ます。津波で犠牲になった方は，精いっぱい人間界での役割を終えて，もと来た世界，仏の国に帰るんです。見えなくても，聞こえなくても，すぐそこにいて，私

たちの幸せを願いつつ暮らしているんです」

「(行方不明者の家族に対して) あの日から姿を見せないのは, 仏さんの思いやりなんですよ。悲しませたくないという, 最後の思いやりなんですよ」

「(身元不明の遺骨について) 名前を取り戻せない数多くのお骨は, 私たちをずっと見守ってくれているのです」

　遺族や家族ひとりひとりの心の軌跡を尊重しつつ, 仏教的世界観に基づき, 大切な人が津波の犠牲になったこと, 今なお見つからないこと, 遺骨が名前を取り戻せないことに意味を見出す。しかるべきときに, しかるべき言葉で, 遺族や家族が安心して悲しみの荷を下ろし, 一休みできる場を提供する。長らく培ってきた地域住民 (檀家) との信頼関係があればこそ, 魂の救済への道を共に歩むことができるのだろう。

　「あいまいな喪失」の理論と, 被災地固有の宗教的心情が穏やかに調和していくことで, 「さよならのない別れ」による悲嘆を抱えた家族の回復に寄与してほしい。さらに, この理論が普及することで, 既存の精神障害者家族支援スキルに「別れのないさよなら」に伴う悲嘆に配慮するという新たな視点も加え, 支援が充実することも期待したい。

　2017年2月, 高橋住職ら地元の仏教会の要望を踏まえ, 大槌町中心部を見下ろす高台の一角に, 身元不明の遺骨70柱を安置する納骨堂が整備された。木のぬくもり溢れる堂内の遺骨たちが, 復興への道を歩む町民たちを静かに見守っている。

コラム9

認知症と「あいまいな喪失」

和田秀樹

　私とポーリン・ボス博士との出会いは，誠信書房編集部から彼女の著作『認知症の人を愛すること』(Boss, 2011/2014)の監訳を頼まれたことであった。

　恥ずかしながら，私はそれまで「あいまいな喪失」概念を知らなかったわけだが，長年老年精神医学を専門とする身として，言い得て妙な概念だと直感した。

　ボス博士は，もともとは戦争で行方不明になった兵士や災害で行方不明になった人など，実際にいなくなっているのに，本当に死んだのかがわからず，家族にとっては心理的には存在するような喪失体験（「さよなら」のない別れ）について，この言葉を使ったようだが，のちにもう一つのタイプのあいまいな喪失のタイプを提起するようになる。

　それが身体的には存在しているのに，心理的にはその人がいなくなったというようなケースである。心の病などで，その人ではあるが，心理的には元のその人がいなくなったというような喪失体験だ（別れのない「さよなら」）。

　私の監訳書では，認知症で元の夫や親でなくなったということが認められるまでの葛藤や，そのふんぎりをつけることで心理的に落ち着きを取り戻す介護者の姿が見事に描かれている。

　認知症の臨床を行う者にとって，心に引っかかっていたことが，理論化されて腑に落ちた気がした。

　それが私のなかでのボス博士との出会いであり，今でもこの概念が心のなかにしっかり刻み込まれている。

　同じように要介護高齢者になるにしても，寝たきりのように身体的に衰

えた場合は，実の娘が熱心に介護するというケースが多い。確かにがんばりすぎて，共倒れというようなことはなくはないのだが，互いの満足度が高い印象を受けることも少なくない。

　ところが，認知症の高齢者の場合，血のつながっている娘より嫁介護のほうがうまくいくようだ。要するに血のつながった娘のほうが，物忘れのために何度も同じことを聞いたり，これまでできていたことができなくなることに，腹が立ったり，受け入れられないことが多いのだ。

　脳が衰えている，脳を冒す病にかかっているのに，元の母親のまま，父親のままでいるかのように思い続けてしまう。元の親でなくなったことが受け入れられない，元の親イメージとの「別れ」ができていないのだ。

　もちろん，徐々に病が進んでくることで，多くの場合はそれを受け入れる。ただ，そのプロセスでの介護する側と介護される側の疲弊や葛藤はかなり大きなものだ。

　それを少しでも円滑に進めることができないかと思っていた際に，『認知症の人を愛すること』に出会った。

　同書の第7章に，そのための具体的な7つの指針が記されている。残念ながら，日本の老年精神医学の保険診療の外来では，十分な時間がとれず，また本来は保険診療の対象外ということもあって[*1]，それが必ずしもうまくいっているとはいえないのだが，それでも方向性を示すうえで重宝している。

　コントロールすることと受け入れることのバランスをとるというのは，私が長年学んできた森田療法の考え方に近いし，留めると同時に放すという視点で，認知症の親を愛せなくなった際に自責的になる必要もないという考え方（実際は，愛せなくなったのでなく，愛しているのに，やはり前のように愛せないということである）は，介護者が自責的になりやすい日本人に向けたアドバイスとさえいえる。そして，介護者が自分をケアする時間をとるというのは，まさに介護保険の精神そのものだ。

─────────
*1　日本の医療保険では患者の話を聞いたり，カウンセリングすることはカバーされているが，家族が自分自身が抑うつ状態になったなどの理由で受診しないかぎり，保険上は家族のメンタルケアはできない。

もともと，欧米と比べて「あいまい」を受け入れる許容度の高い日本人だったはずなのだが，人事システムなどいろいろな形で人間関係がアメリカ化し，またマスコミの影響で，白黒はっきりつけることが重要なように思われている昨今，アメリカの学者が，あいまいの大切さを訴えてくれるのは，少なくとも精神科の一般臨床，とくに高齢者の臨床を行う者には心強い。

文献

Boss, P. (2011). *Living someone who has dementia: How to find hope while coping with stress and grief.* John Wiley & Sons.（和田秀樹（監訳）(2014). 認知症の人を愛すること――曖昧な喪失と悲しみに立ち向かうために．誠信書房．）

コラム10

家族の色

髙倉天地

2018年7月。梅雨が終わるこの時期。「記録的大雨」のニュースが世間を騒がせている。

母からメールが送られてきた。

「今日はお父さんの命日だね」と。

1995年7月3日。土砂降りの雨音で目が覚めると,父がいなかった。
テレビの電源はつけられ,玄関の扉が開いていた。
父のサンダルだけが見当たらなかった。

連日の大雨で,家の近くの川が氾濫していた。
前夜に堤防が壊れる音がしたと近所の人が話していた。
父は音を聞きつけ,見回りに行って洪水に巻き込まれたのかもしれない。

捜索は2カ月続いたが,父の遺体は見つからなかった。

10歳だった僕は,「悲しみ」「痛み」という感情が湧いてこないことに戸惑った。

親を失った子どもは涙を流したり,うつむいたりするものだと知っていた。
空気を読み,その場にふさわしい態度で振る舞っていた。

同時に，もやもやとした罪悪感のようなものもあったと思う。

残された母，姉，兄は，どう感じて生きてきたのだろう。
20年が経った2015年に，僕は勇気を出して聞いてみることにした。

母は，あまりに突然の事態に，「怖かった」「頭が真っ白だった」と答えた。
当時，37歳だった母は，建築設計士であった父の仕事を手伝っていた。仕事の引き継ぎをし，事務所を畳み，慣れない仕事を転々とした。父は生前，年金を払っていなかった時期があったため，遺族年金は入らなかったそうだ。
「子どもたちがどう感じているのか，その想いに耳を傾ける余裕はなかった」と，母は申し訳なさそうに答えた。

3つ上の姉は中学2年生。思春期真っ只中という感じで，家族を寄せつけないオーラを放っていた記憶がある。
「お父さんがいたとき，家族の色は紺色だった。お父さんがいなくなって，真っ黒になった」
姉はもともと，強権的な父に対して嫌悪感を抱いていた。父は仕事がうまくいかない時期に，母にあたることが多かったそうだ。
「普通の家族」が欲しいと思っていた矢先，父がいなくなることで，ますます普通ではなくなってしまったのだ。それでも姉は中学，高校生活を普通に過ごそうと努めた。高校卒業後は，奨学金で専門学校に通い，理学療法士の資格を取得した。手に職をもちたいと考えたからだ。

2つ上の兄は当時，父とよく釣りや山遊びに行っていた。誰よりも，父を慕っていた。一方，不器用だったことから，よく父に怒られていた。兄は幼いころ10円ハゲがあったそうだ。母や，姉は，「父から受けたストレスが原因」と言っていた。
父が行方不明になると，兄は中学校を休んで遺体捜索に加わった。必死

に父の痕跡を探していたようだ。

　兄はいつもイライラしていた。タバコを吸い，髪をピンクに染め，舌にピアスをつけ，威圧的な態度をとっていた。逃げ場がない僕は，夜中に家出をして近所の学校で野宿することもあった。その頃は家族が一番「黒色」に染まったときだったと思う。「お父さんがいなくなって，どうして生きていいかわからなくなった」と兄は言葉を選びながら答え，僕に謝ってくれた。父のあいまいな喪失は，兄にとって大きな影響を与えたのだと感じた。

　父の姉にあたる叔母と福岡市内のファミレスで食事をしていたときのこと。父はどんな人だったのか尋ねたことがあった。すると，普段は笑顔が絶えない叔母の表情が曇り，とつぜん，涙を流し始めた。叔母の気分を害してしまったのではと焦り，話を切り上げようとした。しかし，叔母はうつむいたまま立ちあがろうとしなかった。そして長い沈黙のあと，「まだ，弘行（父の名前）が死んだって信じれんのよ」と語り始めた。当時，「服の切れ端でもいいから」と，死の痕跡を探したそうだ。叔母の家には父に関わる写真は一切飾られていない。タンスの奥にしまいこんだまま，出せないのだそうだ。時間が20年ものあいだ止まったままだった。僕は叔母の奥深くにしまい込んだ傷に触れてしまったような気がして，どうしていいかわからなかった。

　2018年夏。
　「普通」を求めていた姉は，2人の子どもをもつ母親として奮闘している。
　たまに子育て疲れの愚痴がこぼれるが，充実した様子だ。
　兄は，20歳を過ぎて料理の道に進んだ。
　人が変わったようにひたむきに働き，多くのファンができた。
　今年，スペインに日本料理の店をオープンした。お客さんが増えていると，喜びの連絡が届く。

　保育士免許をもっている母は，「挑戦したい！」と2年前に九州から上京。

都会の真ん中にある幼稚園でパワフルに働いている。

　末っ子の僕は，家族の苦労を感じずに，のうのうと生きてきた。将来どう生きていこうか迷いが多かった大学生時代，自転車でユーラシア大陸を横断した。
　今はドキュメンタリー番組の作家として，悩みながら旅を続けている。旅のお供は決まっていつも，父の形見である赤と青のグレゴリーのリュックサックだ。

　父を失うことで「紺色から黒色」に変わった高倉家。
　「今の家族の色は？」と姉に聞くと，「虹色！」と答えた。
　一人ひとりの色が鮮やかに重なり合っている気がする。
　そんな家族をずっと大切にしていきたい。

第5章

あいまいな喪失を支援する人のケア

瀬藤乃理子

1 はじめに

　これまでの章でも述べてきたように，あいまいな喪失は，喪失のなかでも「最もストレスが高い喪失」と位置づけることができます。喪失の苦しみから抜け出すことができない原因は，その人が弱いからでも，その人が諦めの悪い人だから，というわけでもありません。あいまいな喪失そのものが，人の心を脅かす特性をもつため，長期にわたって心理的な混乱をもたらし，その人を前に進めなくしてしまうのです。

　あいまいな喪失に苦しむ人には，長期にわたって，心の支えになる人，その苦しみを理解し，そばにいる人の存在が必要です。そのため，心理の専門家や専門職による支援だけでなく，家族同士で互いを理解することや，同じ境遇の人たち，周囲にいるコミュニティの人たちによる支援が，その回復に重要な鍵を握ります。

　一方で，職業や立場にかかわらず，支援する際に注意すべき点もあります。例えば，あいまいな喪失で深く傷ついている人に接するとき，「この人たちを傷つけないようにできるだろうか」「この話題は触れてもよいのだろうか」「その話題になったとき，どのように返答すればよいのだろうか」といった思いから，私たちは意識的に，あるいは無意識的に，その人たちを避け，距離をとることがあります。また，区切りをつけることができない状況に，支援する側が耐えられなくなり，このような支援でよいのだろうか，早く今の状況が変わってほしい，なぜ新しい方向に向かないのだろうか，といったモ

ヤモヤした感情や，イライラした気持ちに陥ることもあります。通常，支援する人は，支援することによってその人が良い方向に向かうことを期待するため，次に進むことができない現状に直面すると，挫折感や無力感を感じやすくなります。とくに専門職の人たちは，「状況をコントロールすること」が支援において必要であるという教育を受けているため，コントロールできない状況に対しては不快な気持ちが生じることが少なくありません（Boss, 2006/ 邦訳 pp. 305-325）。

これらのことを支援する人自身があらかじめ認識し，適切に対処しなければ，あいまいな喪失の支援に影響が出るだけでなく，その人自身のバーンアウト（burnout）や共感性疲労（compassion fatigue）のリスクが高まると，ボス博士はつねづね話されています。自分自身の無力感や葛藤に圧倒されないように，あいまいな喪失に対する正しい知識と支援のあり方を学び，支援のための適切な準備と自分自身の健康管理を行うことが，それらのリスクを軽減することに役立ちます。

「あいまいな喪失」を扱うとき，私たちは「目の前の苦しんでいる人々」だけでなく，「支援を行っている自分自身」にももっと目を向ける必要があります。本章では，あいまいな喪失を支援する人たちが，支援を通して受ける影響や支援の際に直面する問題，そしてそれに対処するための方策について，詳しく述べていきます。

2 支援する人に生じる問題と危険な兆候

あいまいな喪失の支援のなかで，支援する人に生じやすい問題や危険な兆候について，整理してみましょう。

私たちは，あいまいな喪失について頭で理解していても，苦しみのなかから一歩も進むことのできない人を見ると不安になるものです。

例えば，ある子どもは行方不明のお母さんが必ず戻ってくると信じて，「お母さんは生きている」といつまでも言い張るかもしれません。またある人は，帰ることができなくなった故郷の町を忘れられず，新しい土地での生活や人

間関係にまったく馴染もうとしないかもしれません。継続して支援しているにもかかわらず，このような状況の人たちを目の前にすると，私たちは自分が行っている支援がこれでよいのだろうかと疑い，ときには失敗しているかのように感じることがあります。そして，私たち自身がその状況に耐えきれなくなり，自分が願う方向に相手をコントロールしたくなる衝動にかられます。しかし，それが思うように運ばないと，より大きな挫折感を味わうのです。このことは，支援する人にとって，とても大きなストレスとなります。

　職業性ストレスの研究では，仕事上の葛藤が多いほど，そして自分がその仕事をコントロールできているという感じが減少するほど，ストレスが増大するといわれています（堤，2010）。人は確実で安定した状況を好む傾向がありますが，あいまいな喪失の支援では，しばしばコントロールできない状況に置かれます。そのため，あいまいな喪失の支援を続けるためには，「不確実な状況とともにいる力」「その状況に耐える力」が支援する人に必要なのです。

　達成感がなく，行っている意味が見出せないと感じる支援は，支援する人を消耗させます。そして，それが適切に対処されないまま持続すると，「バーンアウト」や「共感性疲労」の危険性が増すといわれています。

　この両者は，人を支援することが及ぼす「支援する人への負の影響」として知られていますが，少し説明をつけ加えましょう。

　バーンアウトは，持続的な職業性ストレスによりエネルギーを過度に費やした結果，強い身体的な疲労と感情の枯渇を示す状態をいいます。もともとは看護職や教師など，対人支援を行うヒューマン・サービス職に多いことが知られていました。マスラックは，バーンアウトを「情緒的消耗」「脱人格化」「個人的達成感の低下」という3つの領域で表しています。「情緒的消耗」は，支援によって消耗し，心的エネルギーを使い果たしてしまう状態,「脱人格化」は支援する相手に対してとげとげしい態度や冷淡な対応をとってしまう状態,「個人的達成感の低下」は職務上の達成感が低下してしまう状態を指します（図5-1）。そして，その発症過程には「自分の役割への高い使命感」「理想と現実のギャップ」「公私の境界の保ちにくさ」「自己価値の減少」などが見られると述べています（Maslach et al., 1996）。

図5-1 バーンアウトの3領域 (Maslach et al., 1996をもとに作成)

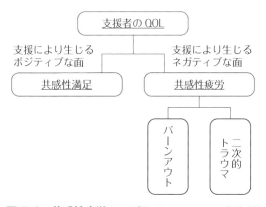

図5-2 共感性疲労のモデル (Stamm, 2010を改変)

　一方，共感性疲労は，フィグリーによって「トラウマを受けた人を支援しようとすることから生じる二次的外傷性ストレス」(Figley, 2002b) と定義されています。バーンアウトは，日常的な支援ストレスの積み重ねで生じますが，共感性疲労は非常に過酷なトラウマ体験を見聞きすることによって生じる，どちらかというと非日常的で，支援者の心を直接脅かす強度の高い支援ストレスといえます。現在，フィグリーらが提唱した共感性疲労の概念をスタムらがモデル化し (Stamm, 1995)，図5-2のように示しています[*1] (Stamm, 2010)。「共感性疲労」は，「バーンアウト」と「二次的トラウマ[*2]」から成る

第5章　あいまいな喪失を支援する人のケア　　129

支援のネガティブな側面を指します。一方,「共感性満足」は支援を通して喜びや満足感が得られるといったポジティブな側面を指します。外傷体験を扱う支援者のQOLや心身の健康は,この「共感性疲労」と「共感性満足」に大きく影響されると考えられています。

　共感性疲労やバーンアウトは,支援する人の感情面だけでなく,認知面・行動面・人間関係・身体面・仕事の遂行など広範囲にわたって影響を与え,支援が継続できなくなるほど,その人を追い込むことがあります(Figley, 2002b)。とくに災害時は,「支援のなかで非常に過酷な体験を見聞きすることが多い」「被災者(支援の対象者)の数が多い」「休みがとりにくい」など,支援する人に過重な負担がかかるため,平常時以上に注意する必要があります。

　もし支援する人が,「くたくたに疲れてしまった」と何度も感じたり,支援する対象者に怒りを覚えたり,「ひとりになりたい」と家に閉じこもるようになったり,喫煙や飲酒が増えたり,食事の量が極端に減ったり(逆に極端に増えたり),イライラしやすくなったり,周囲の人に対してとげとげしい言葉をいうことが増えたときは,それは共感性疲労やバーンアウトの危険な兆候です。そのようなときには,まずは誰かに相談することが大切です。

3　支援する人のレジリエンス

1）支援する人のレジリエンス

　ボス博士(2006/2015)は,あいまいな喪失の支援においては「レジリエンス」

＊1　本書ではスタムの図を引用していますが,もともとフィグリーは「共感性疲労＝二次的トラウマ」としたうえで,「共感性満足」「共感性疲労(二次的トラウマ)」「バーンアウト」を独立した概念として扱っていました。共感性疲労の概念構造の整理は,今後の課題といえます。

＊2　二次的トラウマは「二次的外傷性ストレス」「代理受傷」「二次受傷」とも呼ばれます。

に注目したアプローチが大切であると強調しています。レジリエンスのあるところには,「動き」「変化」「柔軟性」などが存在し,支援においては,「一歩も身動きがとれない状況」から「動きや変化につながるレジリエンスをどのように培うのか」が課題となります。

　このレジリエンスの概念は,あいまいな喪失に苦しむ人だけでなく,その人たちを支援する人たちにとっても,きわめて重要なものです。終結すること,区切りをつけることが難しいあいまいな喪失において,レジリエンスは「解決できない状況を抱えながらも安定して生きていく力」といいかえることができます。それは川の上の大きな吊り橋と同じです。揺れなければ持ちこたえることはできませんが,それは「揺れながらもしっかりと持ちこたえている」ことを同時に表しています。

　「レジリエンス」を獲得するうえで最も大切なことのひとつが,「ストレスレベルを下げる」ことです。「何とかなる」「このことにも意味がある」と思うことができると,レジリエンスは進みます。支援する人たちも,そのように思えるまで自分自身のストレスを減らすための手段や方法を検討し,それを実行する必要があります。

　そのためにはまず,自分があいまいな喪失の支援によって,どれほど影響を受けているのか,自分自身の心身や生活にどのような影響が現れているのか,その根底にある原因は何かについて,気づくことが大切です。

2) 支援する人に必要な力

　支援する人が,自分のストレスや無力感に押しつぶされずに,適切な支援を継続するためには,以下のような力を養う必要があります。

(1) あいまいさからくるストレスに耐える力

　あいまいな喪失のように,確実性のない状況が続く場合,「自分がその状況をどうとらえるのか」がその人の考え方や感じ方の土台になります。そのため,あいまいな喪失と向き合うためには,支援する人も,今の状況に対する自分のとらえ方に幅をもたせることが大切です。

確実な喪失の場合，その回復過程においては，しばしば「悲しみを乗り越えること」や「立ち直ること」，「喪失の状況を受け入れること」が，ゴールと見なされます。それを別の言葉で「悲しみを終結すること」とも言い表すことができます（Boss, 2006/2015）。

　何度も述べてきましたが，あいまいな喪失においては，終結することは望ましいことでもなければ，支援のなかで目指すことでもありません。忘れようとすればするほど，そのことで頭がいっぱいになります。そのため支援においても，支援する人が「終結が不可能であっても，その支援は失敗ではない」「悲しみを終わらせることが目的ではない」と認識しておくことが重要です。

　それでも支援を通して，支援する人がさまざまな負の感情に苦しむことがあるかもしれません。その際には，これまでに各章で述べてきた「AでもありBでもあり」という弁証法的な物事のとらえ方を，自分自身で実践してみましょう。例えば，次のような考え方を同時にもつことができないかを検討するのです。

- 自分の心が折れそうだ ⇔ これは自分が強くなるチャンスである
- この人に私は何もできていない ⇔ それでも私は最善をつくしている
- 何も状況が変わっていない ⇔ 変化が起こる機会はきっとある

　葛藤を抱えることは，ときには自然で，健全なことです。また，たとえ何かを失ったとしても，それはマイナスだけを意味するものではありません。すべての現象には「光と影」があり，大切な何かを失っても，それでも人は強く生きていくことも可能です。目の前の人がどんなに過酷な体験のなかにあっても，その体験から新しい力を得ることも多いのです。その確信は，あいまいな喪失を支援する人にとって，とても重要な信念になります。

(2) 自分自身の「支配感」を見つめる力

　先ほども述べたように，私たちは何かにつけ，コントロールできる状況に慣れています。コントロールできない状況はストレスなので，そのストレス

を減らそうと，コントロールできる状況に意識的・無意識的にもっていこうとします。ボス博士は，「支援者の役割をきちんと果たし，状況をコントロールしなければ」という支援する人の欲求を「支配感」と呼んでいます。

　また，ボス博士は「もし私たち自身が，第一に支配やコントロールすることを志向しているならば，私たちの目の前にいる人々は，あいまいな喪失に耐えることをあまりしないでしょう」（Boss, 2006/2015）とも述べています。つまり，私たち支援する人の支配感が，支援対象の人たちのレジリエンスを下げてしまうことになるのです。

　支援するなかで，「なかなかよくならない」「私たちが指示したようにやってくれない」「私たちと同じように状況を見てくれない」といった不快な気持ちが生じたら，コントロールしたい，早く良い結果につなげたいという自分自身の欲求を和らげることが，重要な課題となります。そして，その課題に対処するためには，自分自身を見つめ，成長させることが必要です（Boss, 2006/2015）。

　「意志がもっと強ければ，もっと変化を起こすことができる」「自分に支援する技術がもっとあれば，もっと助けることができる」と考えていないでしょうか。あいまいな喪失の支援は，意志や支援技術だけでは解決できません。実は，コントロールしたいという欲求が軽減するほど，あいまいな喪失に苦しむ人たちの話に，忍耐強く，判断せずに耳を傾けることができるのです。

　支援する人が自分自身を見つめるプロセスは，後述するようにトレーニングを受けることが望ましいのですが，まずは自分自身の苦悩や葛藤に気づくことから始めてみましょう。支援する人たちは，共感的で，忍耐強く，思いやりをもつことを期待され，それに応えようとしますが，そのために無理に自分の気持ちを閉じ込めていないでしょうか。「悲しい」「元気が出ない」「やりきれない」「イライラする」など，支援者は自分の素直な気持ちをもっと大切にしてよいのです。

　もし自分自身の支配感や葛藤に気づくことができれば，それに対処することができます。同僚や自分の親しい人と，そのことについて話し合ってみることはとても有意義で，大切なことです。また，専門家にスーパーヴィジョンを受けることもよいでしょう。

あなたの葛藤はどこからきていますか。それに対処するために，"あなた自身が"何をできるでしょうか。自分自身の内面に目を向け，その声に耳を傾けることは，あいまいな喪失の支援を続けるうえで，とても重要なことです。

⑶　ほどほどに役立っているという感覚，希望，楽観性をもち続ける力

　支援者自身のあいまいさに対する許容範囲が，あいまいな喪失に苦しむ人の支援にさまざまな影響を及ぼすことを，これまでも述べてきました。「白黒はっきりさせること」や「完璧さを望むこと」は，あいまいな喪失の支援においては，かえって障壁になります。支援者自身があいまいさに耐えられる許容範囲を広げていくことは，支援を行うときだけでなく，自分自身の健康を保つうえでも重要です。

　支援のなかで，今の状況の原因を外在化し，「あなたのせいではない」と何度も伝えていくことが大切なように，あいまいな喪失から動けなくなる状況には，その人以外のさまざまな要因が絡んでいます。それを少しずつ紐解き，変化の一歩を歩むためには，多くの時間と忍耐力が必要です。長期にわたって辛抱強く支援を続けるために，支援する人が「完璧主義」を手放す必要があります。それは「ほどほどに役立っているという感覚，希望，そして楽観性（何とかなるという感じ）をもち続けること」ともいえます。

　「自分が何とかしなくては……」ではなく，自分以外も見渡して，その人の周囲にあるレジリエンスをかき集めましょう。コミュニティのなかでの人とのつながりは，あいまいな喪失に苦しむ人だけなく，支援する人にも大きな力を与えてくれるはずです。周囲やコミュニティのなかに「この人たちがいれば何とかなる」と思えることは，とても重要です。また，支援に重圧を感じることがあれば，それに早めに対処し，支援する人自身も自分の心の支えとなる人（心の家族）との時間を大切にしてください。

4 支援者が自分自身を守る方策

1) セルフケアの重要性

　近年，対人援助職の間では広く認識されるようになりましたが，トラウマや悲嘆を支援する人においては，自分自身のストレスを軽減しセルフケアを習慣化することが，とくに大切です。それが，支援を長く続けたり，バーンアウトや共感性疲労を予防することにもつながります（瀬藤，2015）。

　繰り返しますが，もしあなたが仕事としてあいまいな喪失の支援に関わっているならば，自分自身の精神状態や生活が，その仕事によって脅かされないようにしてください。このことは，あいまいな喪失を支援する人たちに対して，ボス博士がいつも強調されていることです。そのためには，自分自身の感情や健康，生活をいつも気にかけ，必要なときには，自分のための時間をしっかりと確保しましょう。そして，気持ちを共有できる人やほっとできる場所で，ときどき一息つくことが大切です。支援の対象者と良い関係を保つためにも，過度に近づきすぎることや，仕事のことでいつも頭がいっぱいの状況は，互いのためによいことではありません。いつも相手とほどよい距離感を保ち，自分自身が脅かされない境界を意識し，それを守るように心がけましょう。

　また，同じ経験をもつ人として，あるいは同じ被災者として，あいまいな喪失を抱える人を支援されている方もおられます。そのような場合はとくに，共感することが多いために，経験のない人たちより，もっと相手に接近しやすいかもしれません。当事者同士の支え合いは何よりも心の支えになることが多いのですが，同じ経験があるからこそ，支援を通して自分自身にもさまざまなストレスがかかることを認識しておく必要があります。

　あいまいな喪失の支援は，簡単ではありません。支援を通して，支援する人たちのなかにさまざまな感情がわき，ストレスが伴います。そのようなときも，まずは自分に優しい気持ちをもちましょう。どんな感情や思いも，元

をたどれば,「あいまいな喪失」の状況が原因で起こったものです。自分を過度に責めたり，対応しきれない自分に恥ずかしさを感じたりする必要はないのです。また，人は誰でも，物事がうまく進まないとき，誰かを責めたくなるものです。しかし，そのことで家族や他の人を，過度に遠ざけてしまわないようにしましょう。

　共感性疲労の概念を提唱したフィグリーは,「ケア（支援）には代償がある」と述べています（Figley, 2002a）。つまり，立場にかかわらず，トラウマや喪失の支援には，バーンアウトや共感性疲労が生じるリスクがつねにあります。しかし，あらかじめそのことを知っておき，セルフケアを励行したり，自分なりの対策をとったりすることで，予防することも可能なのです。

2) 具体的なセルフケアの方法

　ボス博士は支援者のセルフケアの具体的な方法として，表5-1のような8つの項目を挙げています。セルフケアを実践できることは，支援者にとって非常に必要性の高い，身につけておくべき力といえます。

　この表にあるいくつかの項目について，少し補足しましょう。

　「1. 相手との距離や境界をしっかり保つ」ことの重要性については，先にも少し述べました。「どうにかしてあげたい」という思いから，支援の回数や時間が過度に増える，公私の区別がつかなくなる，いつも支援の相手のことが頭から離れないといった状況は，距離や境界を適切に保てていない兆候です。境界をつくることは，相手を遠ざけてしまうことではありません。適度な距離感を保つことは，対象者が自分自身の力で回復するという「レジリエンス」を尊重する意味合いも含まれています。

　相手を支援している途中でも,「今日はこれ以上は時間がとれません」「今は忙しい時期なので，このくらいの頻度であればお会いできます」「この続きは今度お会いしたときに話しましょう」「次までに，これを読んでおいていただけますか？　そのあとで，このことについて再度話し合いたいと思います」と伝えることや,「この人に会ってみませんか。ご紹介しましょうか」と別の支援者にリファーすることが必要なときもあります。また，ときには

表 5-1 支援する人のセルフケア（2015 年に行われた事例検討会での説明資料を改変）

> あいまいな喪失体験者の支援を続けるために，以下のことを心にとめましょう。
>
> 1. 相手（支援の対象者）との距離や境界をしっかり保つ。
> 2. 自分自身のために時間をとる。
>   - 休息やリクリエーションの時間をもつ。
>   - 適度な運動や食事，十分な睡眠，余暇をとる。
> 3. 同僚や友人に話をする，相談する。
> 4. 自分自身の感情や健康に気を配る。
> 5. 自分の生活を大切にする。
>   - 家族や友人との時間なども大切にする。
> 6. 「自分自身の」あいまいな喪失に対する感情を認識する。
>   - それについて話せる人を見つける。
>   同僚や家族と，あなた自身の喪失体験について分かち合う。
> 7. 支援によって，圧倒された感じ，例えば無力感や希望がもてない感じになるときは，専門家の援助を求める。
> 8. 1 日の終わり，もしくは 1 週間に少なくとも 1 度，同僚（同僚以外でも，相談できる人がいればその人）と，支援のなかで大変だったことについて話をする，肩の荷をおろす。
>   - 危険な兆候が見られるときはとくに，信頼できる人と話をすることや，気持ちをシェアすることが必要である。心のなかにしまっておくことは，さらなるトラウマとストレスを生み出すことになる。

自分の上司と仕事量や休暇について話し合うことが，境界を保つことにつながることもあります。

　大切なことは，そのような言葉を伝えることに対し，罪悪感をもたないことです。できれば「罪悪感をもたなくてよいのですよ」と言ってくれる人が自分の周りにいると，より重荷を減らすことができるでしょう。そのような形で支援する人同士が互いに助け合うことは，とても大切なことです。自分を理解してもらえる場，大変さを分かち合える場があれば，どんな人にとってもそれは明日への原動力になります。

　「2. 自分自身のために時間をとる」ことは，男性に比べ，女性のほうが難しいといわれています。女性は仕事を離れて帰宅しても，家事や育児，介護などに追われてしまうからです。とくに災害時においては，女性の支援者が

「家庭と支援（仕事）のバランス」の難しさなどから，その両者の間で強い役割葛藤が生じることが知られています（瀬藤，2017）。

　疲れたときは，一晩ぐっすり眠ったり，楽しい趣味やレクリエーションの時間をもったりすることで，自分自身をリセットする時間を確保しましょう。そのためには，家事の分担など，自分のための時間をどのようにつくるのかを，家族と話し合うことが必要な場合もあります。

　仕事や支援を行うことが「一番大事なこと」になっていないか，自分自身をチェックしてください。何事にもバランスが大切です。趣味，スポーツ，音楽を聴く，映画を見る，ダンスやヨガ，自分の好きな習い事，ペットとの時間など，何でも構いません。心から楽しめることや自分をリフレッシュできる時間をもちましょう。そして，そのような活動や，信頼できる人との時間を，仕事によって犠牲にしないようにしましょう。

　そうはいっても，どうしてもやらなければならない仕事が山積みのときもあるかもしれません。場合によっては，期間を決めて仕事にひたすら専念してしまうこともひとつの方法です。一方で，そのようなときは自分にそれだけ負担がかかっていることを認識し，睡眠や食事が乱れないように，いつも以上に規則正しい生活を心がけましょう。そして，明日に延ばせることや，他人に頼めることがないかをチェックし，仕事の量やストレスをコントロールしながら，その期間を長期化させないことが大切です。

　「7．支援によって圧倒された感じになるときは，専門家の援助を求める」ことは，組織でその体制をつくっておくことが重要ですが，個人としても，その重要性を認識しておきましょう。危険な兆候が出ている場合や，仕事に影響を及ぼすような大切な決心をしなくてはならないときは，専門家に援助を求めることがとても大切な場合もあります。

　逆説的ではありますが，人は強さがなければ，人に援助を求めることができません。強さをもっている人ほど，自分の弱さや足りない部分を客観的に見て，必要に応じて人に援助を求めることができるのです。同僚や上司，専門家などにSOSを出すことを恐れないでください。とくに男性は，SOSが必要な状態になっても，自分がそのような状態であることを認めたり，人に助けを求めたりすることが苦手です。男女問わず，SOSを出すことは，決

して弱さの証拠ではないことを，覚えておいてください。

「8. 1日の終わり，もしくは1週間に少なくとも1度，相談できる人と話をする，肩の荷をおろす」ことを，支援に携わる人たちは習慣にしましょう。勤務中にそのような時間を組み込むこともひとつの方策ですが，それ以外の時間の同僚同士の支え合いも非常に有効だといわれています。ボス博士の恩師であり，家族療法の大家であるウィタカー博士は，「cuddle group」という「精神的に互いを慰め合うことができ，一緒にいるだけで安心できる仲間の集まり」を重要視していました。cuddleとは「ぴったり寄りそう，愛情をこめて抱きしめる」の意で，cuddle groupは仲間・同僚同士の信頼感や結束が得られる場所を指します。そのときは必ずしも仕事の話をするのではなく，「疲れたなあ」と互いをねぎらう程度でもよいのです。そのような集まりを定期的にもつだけで，支援者のストレスレベルが下がるといわれています。

ボス博士が話されていたことですが，ニューヨーク同時多発テロで支援にあたった人たちが，話すことさえ疲れ果てていたとき，「食事に出かけてお酒でも飲もう」という動きが自然に起こり，そのことが支援者の健康の維持に大変役立ったそうです。このようなインフォーマルな支え合いも利用しながら，ストレスをできるだけ家に持ち帰らないことが大切です。公私の区切りをつけることは，支援する人たちが自分自身を解放できる安全な場所を確保するという意味でも，非常に重要な方策なのです。

5　あいまいな喪失を支援する人へのトレーニング

人生における人間関係は，あいまいな喪失によってトラウマ的な傷を受けることがしばしばあります。その支援は個人療法では不十分であり，支援が行われる場所や地域の多様な文化背景の現状に合わせて，コミュニティ・レベルのアプローチが必要です。

そのようなあいまいな喪失への支援は，他のタイプの喪失への支援とは異なり，海外の専門家のトレーニングコースでも，やっと取り上げられ始めた

ところです。日本で「あいまいな喪失」という言葉が広く知られるようになったのはごく最近，東日本大震災以降のことです。

ボス博士は，あいまいな喪失の支援に入る前に，支援する人たちには2つの準備が重要であると述べています。1つは，「あいまいな喪失の理論と介入方法について学んでおくこと」，もう1つは，支援者自身が自分の経験してきたあいまいな喪失について「振り返りの作業をしておくこと」です。

1つ目の「あいまいな喪失の理論と介入方法」については，すでにこれまでの多くの章のなかで説明してきました。ここでは，2つ目の支援者自身が振り返りを行うためのトレーニングの方法と，ボス博士が2001年のニューヨーク同時多発テロの際に，行方不明者家族を支援する治療者に実際に行ったトレーニング内容について紹介します。

1） 自分自身を振り返るトレーニング

ボス博士は著書のなかで，支援する人たちに向けて，あいまいな喪失の理論と介入方法を学んだあとに，自分自身の振り返りの作業を行うように勧めています（Boss, 2006/2015）。自分自身のあいまいな喪失を認め，自身への理解を見出すこと，つまり「内省する」という作業が，状況のあいまいさに対する支援者の耐性を高め，支援にあたる際の力になるとボス博士は考えています。

支援する人の多くは，人の心の痛みを取り除くためのトレーニングを受け，それが大切であると思っています。しかし，終結の見出せないあいまいな喪失では，苦しみを和らげることができません。状況を修復したり，心を癒すためのトレーニングを受けただけでは，実際に歯が立たないのです。そのため，あいまいな喪失の支援では，しばしば支援する側が「自分が役に立たない」と感じてしまいます。

共に歩む私たちの目標は，苦しみを和らげるというよりも，「苦悩をもちながらもより良く生きることができるように」支援することです。これは従来の支援者トレーニングでは，あまり扱われてこなかった視点です。そのような支援を提供するためには，支援者自身がそわそわしたり圧倒されたりせ

ずに，あいまいな状況のなかでも安心感をもち続けられることが目標となります（Boss, 2006/2015）。自分自身を振り返る作業を通して，自分もこれまでどれほど「あいまいな喪失」や「心の家族」に影響を受けてきたのか，あいまいな喪失の前では自分もどれほど脆く無力な存在なのかを知ることになり，より共感性を高めることができます。そして，そのようななかでも人が回復していく「レジリエンス」についても，深く考えるようになります。実際，このような過程を経てこそ，支援者自身のあいまいな喪失への耐性が高まり，あいまいな喪失に苦しむ人たちに安心で安全な場所を提供できるのです。

それでは，実際にどのようなトレーニングを行えばよいのでしょうか。

東日本大震災の翌年（2012年），ミネソタ大学での3日間のワークショップで，筆者らはボス博士から直接あいまいな喪失について学びました。そこでも，数時間をかけて，自らの振り返りの作業を行いました。そのとき，ボス博士からは以下のような問いかけがありました。

- あなたはこれまで，どのようなあいまいな喪失を体験しましたか？
- それは，どのようなタイプのあいまいな喪失でしたか？
- あなたは，どのようにあいまいな喪失に対処してきましたか？
- あなたにとって，「あいまいな喪失」とは何ですか？
- あなたにとって，心の家族は誰ですか？

この質問は，ひとりで自分自身に問いかけることもできますが，複数の小さなグループで行うとよいとされています（Boss, 2006/2015）。このワークショップにおいても，その質問に対する私たち一人ひとりの話に，ボス博士はじっくりと耳を傾けていました。そして，誰もがあいまいな喪失をもちながら生きていること，心の家族の存在が何よりも助けになること，そして自分自身で意味を見出せなくても，耳を傾けている人がそばにいることに大きな意味があるのだと話されました。

ボス博士は著書のなかで，「自分自身があいまいさを楽な気持ちで受け入れることができなければ，他の人々のあいまいな喪失によるトラウマを和ら

げることはできません」(Boss, 2006/2015) と述べています。自らを振り返る作業は，あいまいな喪失の支援者トレーニングのなかでも，最も重要なトレーニングのひとつといえます。

2) ニューヨーク同時多発テロにおける支援者トレーニング

2001年9月11日に起こったニューヨーク同時多発テロは，死者2819名のうち完全な遺体は289体しかなく，何の手がかりもない家族は1717家族に上りました。ボス博士はワールド・トレードセンターにあるビルサービス会社の要請により，そこで行方不明となった人たちの家族のケアにあたることになりました。この支援の詳細は，論文としてまとめられています（Boss et al., 2003）。その論文によると，テロの32日後，要請を受けたミネソタとニューヨークの治療者チームによって，最初の行方不明者家族の集まりが開かれることになりました。

家族の集まりに先立ち，治療者にトレーニングが実施されました。トレーニングでは，あいまいな喪失に関する理論的な考え方と，それによって引き起こされるさまざまな反応を学ぶことから始められ，治療者自身が支援の前に，自分自身のあいまいな喪失の振り返りの作業をしておくこと，文化的背景への理解を深めることが組み込まれていました。

行方不明者家族を支援する際，まずはじめに，私たちがもつその出来事に対する恐怖感や，答えが見つからないかもしれないという恐れを自覚することが大切です。それらに対処するためには，振り返りの作業がとても重要な意味をもちます。

テロの際のトレーニングにおいても，先に述べたものとほぼ同じ質問が問いかけられました。あなたがこれまで経験したあいまいな喪失は，どのようなものですか？　タイプ1，タイプ2のどちらですか？　あなた，もしくはあなたの家族は，その「あいまいさ」のなかでも未来へと前進することができましたか？　そうだとしたら，どのようにされたのですか？

そのトレーニングに参加したある治療者は，次のように語っています。

「セラピスト自身を扱うトレーニングは，それ以前に行ったトレーニングの理解をより深め，自分自身のあいまいさを許容する力や，人生に起こった不確実さを理解するために，たいへん役立ちました。また，自分自身のあいまいさに耐えうる力が，人に対してどのように支援できるのかに直接関係しているということにも，改めて気づかされました」

(Boss et al., 2003, p. 462)

　ボス博士が行ったニューヨーク同時多発テロ後の介入は，あいまいな喪失に苦しむ人たちの孤立化を防ぎ，絶望感を和らげたと同時に，あいまいな喪失のあとに起こりやすい人間関係の衝突や，家族間の秘密に関係した諸々の問題を防ぐ効果があったと報告されています。その基盤には，支援者自身があいまいな喪失と向き合い，あいまいさを許容する力を培う，事前の支援者トレーニングがあったのです。

6　被災地での「あいまいな喪失事例検討会」を通して

　筆者らは，東日本大震災以降，被災地の支援者の方にあいまいな喪失の事例についてまとめてもらい，その支援についてボス博士のコンサルテーションを受ける事例検討会を，毎年現地で開催しています（石井ら，2016; 瀬藤ら，2015）。そのなかでも，ボス博士はしばしば，「支援者自身の問題」について触れています。あるときは，支援者の無力感に対して，またあるときは支援者がバーンアウトしないために，本章でこれまで述べてきたような事柄について，ていねいな助言をくださいます。この事例検討会は，支援方法を検討する場というだけでなく，現地支援者がエンパワメントされる場としての意味合いを重視したものです。
　事例検討会では，これまでさまざまな現地支援者にご協力をいただきました。東北沿岸部で働くある支援者は，行方不明の家族がずっと見つからず，絶望感にとらわれている同僚に対し，どのような支援を行えばよいかわからず，不安な気持ちでした。また，ある福島の支援者は，福島第一原発事故に

より帰還できなくなった故郷の町を諦めきれない被災者に対し，先の見通しがもてないまま支援を続けていました。あるいは別の支援者は，親が行方不明となった子どものケースと継続的に関わることが難しい職場の状況に苦悩していました。

　この事例検討会は，これら現地支援者の方々にとって，あいまいな喪失に苦しむ人たちへの支援方法を具体的に学ぶ機会となっただけでなく，支援者としての自分のあり方に関しても，これまでとは異なる角度から理解を深め，変化のきっかけになった場合も多かったようです。

　ある支援者は，事例検討会後，次のような感想を述べていました。

　　「新たな気づきを得て，なんとかやっていこうと支援者として思えた。視点が変わった。支援の幅が変わった。支援をするときに，選択肢がなかったときには，うまくいかないと，そこで止まっていた。でも（今は）選択肢があるので，うまくいかなくても手詰まり感がなくなった。すぐに解決，うまくいくとよいが，そうならなくても，支援する者として，まだ関わっていたいと思うようになった」　　　　　　（石井・瀬藤，2014）

　この語りからは，新たな視点の広がりにより，支援者としての焦りや手詰まり感が払拭され，支援者自身が「あいまいさに耐える力」を得た様子を見てとることができます。

　また，ボス博士は，あいまいな喪失を支援する人たちの「支援者としてのゴール」のひとつとして，「自分自身でバーンアウトや共感性疲労を予防すること」を挙げています。そして，そのためには自分のしている支援の結果に対しても，「すぐに結果が見えてこないというあいまいさに耐えること」が重要であると述べています。ボス博士自身も，恩師であるウィタカー博士から，次のような助言をいつも受けていたといいます。

　　「支援する人が『失敗だった』と感じることが，実はそうでないかもしれない。だから，その支援が成功したかどうかについてあまり心配しすぎないで，きちんと自分自身をケアしなさい。現在行っている支援は，

その人のウェル・ビーイング（＝幸福や安寧）の種をまいていると考えなさい。あとから芽が出て，実を結ぶかもしれないのだ」[*3]

7 レジリエンスの糸口を求めて

　私たちは2012年春に渡米し，ボス博士からあいまいな喪失について学んだあと，その年の秋に博士を日本に招聘し，東日本大震災の被災地で事例検討会を始めました。その後，ボス博士は3月11日になると，震災支援に携わっている日本の支援者を気遣うメールを，毎年のようにくださいました。

　最初に博士のワークショップをアメリカで受けたとき，「東日本大震災では，自分以外の家族がみな津波で流され，たったひとり生き残った方がおられます。そのような方に対して，私たちができることは何かあるのでしょうか？」と，筆者から質問したことがあります。その質問に対して，博士ははっきりと「まず，その人の心の家族を一緒に探しなさい」と即答されました。

　その後の事例検討会や，ボス博士とのやりとりを通して，支援を提供するうえでも，そして自分自身がより良い支援を続けていくうえでも，心の家族の存在がいかに救いになるのか，レジリエンスの視点がトラウマからの回復にいかに役立つのかについて，考えさせられる機会が幾度もありました。事例の支援を突き詰めて考えるほど，いつも「あいまいな喪失」理論の原点に立ち返ると感じています。あいまいな喪失の前では，立場上は支援する側であっても，私たちは治す人でも癒す人でもありません。ボス博士は，支援する人のことを「レジリエンスをかき集める人」と呼びますが，よくよく見渡せば，目の前の人にも自分自身にも，レジリエンスの糸口が必ずあるのです。

　しかし一方では，東北の支援者の疲弊は深刻であり，今なお心が痛む状況です。また，その後も全国で災害が起こっています。この章で述べられている支援者の心のもちよう，支援を行う際に注意すべき点，セルフケアの実践，

[*3] 2016年に行われた，東日本大震災の被災地における事例検討会でのコンサルテーション資料より抜粋。

そして支援者トレーニングについて，ひとりでも多くの支援者にその重要性を伝えていくことが必要だと感じています。

　今後，日本でも災害時のみならず，さまざまな現場であいまいな喪失への支援が広がっていくことでしょう。本章が，あいまいな喪失の支援に携わる人たちへの一助になることを，ボス博士とともに心から願っています。

コラム 11

なぜ，この仕事をしているのか，ここで働いているのか

黒澤美枝

　東日本大震災時，私は岩手県精神保健福祉センターに勤務していた。ただひとりの医師として，また組織の所長として，通常の行政業務の維持に加えて，全国自治体から岩手県沿岸被災6市町に応援に来ていただいた30の心のケアチームやさまざまな団体の活動調整，相談業務などの支援活動を行っていた。

　直後，ある被災地の役所で打ち合わせをしたときのことだった。外は火災により辺り一面，焼野原のような光景が広がっていた。待っている間に所内の様子を観察した。ほとんどの職員さんは硬く沈鬱な表情で，まったく会話もせず黙々と仕事をこなしていた。職員さんはそれまで地元の被災地で生活してきた人が多かった。身内を亡くしたり行方不明の状況だったり，家屋が流されるなど何らかの喪失やあいまいな状況があったため，互いにあえてプライバシーには触れないように仕事をしていた。だから無駄なおしゃべりはなかった。そして被災地外部から次々と訪れるおびただしい数の「支援者」からの，熱い助言や調査研究依頼，被災状況やニーズのヒアリングなどが終わるときをじっと待っているようにも見えた。当時，そう簡単に自由に外部支援者に苦痛や思いを語れる人は少なかったのではないかと思う。被災地支援者が自分について語れるようになるのは，復興期以降や職務の責任から外れたあとであろう。

　災害対応にあたる支援者は，専門職として，一個人として，家族として，地域住民としていろいろな葛藤を見つめ，自分のなかでさまざまな状況と和解しながら復興に向けて進んでいかなくてはならない。例えば，「行方不明の家族を遺体安置所に探しに行きたいが職場が許してくれない」「仕事を辞めて少し休みたいが，そうしたら他の職員の負担はどうなるのか」

「家族のそばに居ることと仕事のどちらを優先させるか」「お世話になった地域を転居し離れるのは裏切りではないか」「地域のために誇りをもって精一杯つくしてきたのになぜバッシングされなくてはならないのだろう」などである。

　復興期に入ったころには，自治体のリーダー，大学教授，支援者などが次のような実存的な発言をしているのをよく見聞きした。「自分がなぜこの仕事についたのかわかった気がする。この災害の対応をするためにここに来たのだな」。かくいう私も，災害対応でへとへとになって夜ひとりでいるとき，同じようにそんな認知がふと頭に浮かんだ。こうやって生きて死んでいくのだなとも思った。すべてがあいまいであり圧倒的な経験を前にした，ある種の諦めと達観と覚悟が入り混じった重い感じだった。そういうふうな意味づけや統合化が，私を翌日の支援行動に何とか向かわせていたと記憶している。冷静に考えると危ない感じであるし，6年を経て状況が変わり，ようやくこういう話ができるようになったのだなとも思う。

　私たちは被災地の支援者にどのような意図・目的と見通しで関わり，いつどのように声をかければよいのだろうか。それとも，そんなふうにあれこれ気にしすぎて，腫れ物にさわるように手をこまねいていては何もよくならないのではないか，関心と行動こそが大事であろうか。

コラム12 あいまいな喪失の悲しみを支える治療者として

米虫圭子

　ボス博士は，心理治療者として大切なことは，治療者自身があいまいさへの耐性と安心感を高めることだと強調している。また，治療者はクライアントのレジリエンスを見つけることも重要であると述べている。

　大学の学生相談に携わっていると，死別の他にもさまざまな喪失体験が語られる。学生たちが抱える悩みの背景には必ずといってよいほど家族の問題があり，両親の離婚・再婚，親の単身赴任，家族の死・障害・病気，暴力など，「あいまいな喪失」をもたらす出来事によって大きな不安や苦しみが引き起こされている。

　ある学生は小さいころに母親を病気で亡くし父親と暮らしていたが，その父親が認知症になり，だんだんと自分を娘と認識しなくなってきた。ときには自分を亡くなった母親と間違えるため，妻を演じて父と接することもあると言った。彼女は幼かったため，母親が亡くなったときに病院にも葬儀にも連れて行ってもらえず，亡くなった姿を見ていない。「さようならのない別れ」を経験した彼女は「あいまいな喪失」を抱えて大学生になり，父親の認知症という新たな「あいまいな喪失」を体験している。「自分はいったい何を喪ってしまったのだろうか。父も母も喪ったのか。そして，自分自身も……」その感情の揺れに耐えられなくなって抑うつ状態になり，「朝起きられなくて授業に出席できない」と相談にやってきた。

　このように私が出会う学生たちは成長の過程で「重なるあいまいな喪失」を体験している。彼らの相談受付票には「留年してしまった」「就職活動がうまくいかない」「友だちができない」などの困り事が書かれているが，その背景にある喪失体験と表面化している現在の問題とのつながりが理解されていることはあまりない。いったい自分に何が起こっているのかさえ

気づかずに青年期を迎え，その生きづらさに「どうしたらいいのかわからない」と訴え，助けを求めて相談にやってくる。あいまいな喪失が引き起こす両価的な感情をもてあまし，問題の終結が望めないと嘆き諦めた結果，自分自身の存在を消してしまおうと考える。

　長い間，「解決するには死しかない」という彼らの頑なな決心に慄き，何とか思いとどまらせるために別の答えを探し求めようとしていた。そのため，彼らについてできるかぎり多くのことを知ろうと試みたこともあったが，紙面上にあふれた情報を手にしたところで彼らの心の痛みのいったい何が明らかになるのだろうか……と思いとどまった。データは何も教えてはくれないと悟ったとき，「あいまいさに耐えられずに答えを求めていたのは自分自身なのだ」と気づいた。それまで，できていると思い込んでいた「クライアントが葛藤を抱えられるように支援する」という治療者の姿勢を，どこか他人事として受けとめていた自分に気がついたのだった。

　それで，自分自身の喪失体験を振り返ってみた。そこここに散らばっているあいまいさを拾い集めるのは悲しい作業だったが，「わからないことに耐える」ことの本当の意味が感じられた。ボス博士の「あいまいな喪失」という概念に出会い，よくわからなかったことに名前が与えられたことで，少しは安定感のある治療者に成長できたのではないだろうか。

　そして，もうひとつ治療者にとって絶対に必要な力は「信じる」ことだと思う。息をすることさえ耐えがたいような表情でつらさを口にする学生たちと面談しているときも，彼らのなかに健康さを懸命に探す。あいまいさの淵に立ち尽くしている学生の隣に並び，ハラハラと涙を流す姿をじっと見つめながら，彼らがもっているレジリエンスを，ただ信じてその芽吹きを見守っている。

コラム13

JDGS (Japan Disaster Grief Support) プロジェクトとあいまいな喪失

瀬藤乃理子

　東日本大震災のあった2011年の夏,日本国内で遺族の支援の実践や研究を行っていた有志11名が集まり,震災で大切な人を失った方を支援するために,災害グリーフサポート (JDGS：Japan Disaster Grief Support) プロジェクトを立ち上げた。海外の研究者からの温かい助言や資料提供,国からの助成金などを足がかりに,3つのウェブサイトの開設[*1*2],被災地での研修会やワークショップの開催,被災者遺族を支援する地元の支援者や支援団体のサポートなど,いくつかの活動を開始し,現在は,東日本大震災にかぎらずその活動を継続している。

　JDGSの活動の柱のひとつが,本書のテーマである「あいまいな喪失への支援」である。2012年にボス博士を日本に招聘し,仙台と福島で講演会やワークショップを開催した。その後,2018年までに,岩手・宮城・福島の3県で東日本大震災に関連するあいまいな喪失をテーマに計10回 (11事例),2017年には大阪で認知症の患者家族の支援に関する2事例の事例検討会を重ねた。事例検討会に私たちがこだわったのには,理由がある。それは,「あいまいな喪失理論」を通して事例を考えたとき,理論を聞くだけではわからなかった数々の気づきがあり,その支援の奥深さを知ることは,支援者自身の大きな成長につながると確信したためである。

　その成長は,事例検討会の参加者だけにとどまらず,私たち自身にもたくさんの恩恵があった。この事例検討会では,毎回,事前に日本の事例概

---

*1　災害で大切な人を亡くされた方を支援するためのウェブサイト [http://jdgs.jp/]
*2　あいまいな喪失 情報ウェブサイト [http://al.jdgs.jp/]

要を翻訳してボス博士に渡し，ボス博士から返却されたコンサルテーションをまた日本語に訳し，質問があれば翻訳を重ねてボス博士とやりとりする。そして長文のコンサルテーションの内容を最終的に事例検討会用に10枚程度のスライドにまとめ直す。ボス博士からのコンサルテーションが難解で，事例検討会の前に夜中までスカイプ会議を行い，内容を詰めたこともある。また，その内容が日本の文化では使いにくいかもしれないと感じた場合には，伝え方に配慮するようになった。そのような積み重ねのなかで，私たちも日本での災害支援のあり方，人への伝え方を改めて考えさせられる機会となった。これほどの成長の機会に恵まれたことは，過去の経験にはなかったことである。

　ボス博士の理論と介入方法をできるだけたくさんの方に知ってもらうために，2012年には「あいまいな喪失情報ウェブサイト」[*2]を開設し，2015年にリニューアルした。ウェブサイトの内容は私たちJDGSプロジェクトのメンバーが考えたが，デザインや写真などは有志の大学生・大学院生が協力してくれた。東日本大震災のこと，あいまいな喪失のこと，ボス博士の功績などを勉強した学生たちが提案してくれたサイトは，できあがってみると，被災者へのいたわりとボス博士の優しさを感じさせてくれる温かな雰囲気のものだった。このウェブサイトは，JDGSが作成した遺族向けのサイト[*1]とともに，開設から5年でのべ10万人がアクセスし，災害時の被災者支援について正確な情報を掲載するサイトとして，さまざまな領域で取り上げてもらえるようになった。2020年にはスマートフォンにも対応するサイトとして再リニューアルし，英語版も開設する。

　多くの人々が危機感をもっているように，世界各国で自然災害が多発している。自然災害は多くの人の命，住居，仕事，故郷，平穏な生活などを奪い，ときとして被災者に「逆境」をもたらす。しかしボス博士は，逆境のなかでも「レジリエンスの糸口は必ずある」と明言する。その言葉を胸にきざみ，今後もJDGSプロジェクトの活動が災害時に寄与できるよう歩んでいきたい。

おわりに

　本書を書く必要性を感じたのは，あいまいな喪失の事例検討会を始めた初期の頃でした。ボス博士のコンサルテーションを受けるために，日本の被災者支援を担当されている支援者から提出された事例概要を，コンサルタントの補佐役として英語に翻訳していたときのことです。ボス博士から質問が届き，被災の前後の家族関係をとらえたいから教えてほしいというので，ボス博士の言葉を翻訳して伝えました。しかし，その支援者にはその質問が理解しにくいことがわかりました。つまり，個人を支援するトレーニングを受けてきた支援者にとっては，なぜ家族関係を細かく聞く必要があるのか理解しにくいようでした。

　そこで翻訳者というよりも，コンサルタントの補佐役として，この理論と支援法は家族全体を視野にいれて事例を理解することが基本であること，支援が個人に特化している場合でも，その段階を踏むことによって家族全体に目を向けて家族のもつ力を理解した支援を考えるということを伝える努力をしました。この努力はその事例提供者にかぎらず，その後の事例検討会でも毎年繰り返しています。あいまいな喪失の考え方と支援法は，家族療法がその基礎にあります。ボス博士がテキストとして勧める『あいまいな喪失とトラウマからの回復——家族とコミュニティのレジリエンス』(2006/2015) も然りです。しかし，家族療法つまり家族全体を視野にいれて支援を考える基礎についての解説は，同書のなかにはほとんど書かれていません。家族のなかで行き詰まっているときの支援としては当然の考え方ですが，わが国ではどちらかというと個人療法にウェイトが置かれてきたために，その基礎教育はあまり行われてこなかったことに改めて気づきました。

　その後毎年開催されてきた，あいまいな喪失の事例検討会の準備段階において，そしてその体験を論文としてまとめる際にも，家族全体を視野にいれるという基本が，あいまいな喪失の支援では欠くことができないものである

こと，しかし多くの支援者はそのようなトレーニングを受けていないため，理解されにくいことを痛感してきました。

そのような体験から，本書の第2章では，とくにジェノグラムの描き方と読み解き方を，事例を使いながら説明しています。本書を手にしたみなさんには，ジェノグラムを描き，読み解くことに慣れていただきたいと思います。ジェノグラムを描いていると，その家族のこれまでの歩みが見えてきます。その家族なりに変化をくぐり抜けてきた回復力があることが見えてきます。そして災害などにより先が見えない状況のなかでも，家族が心の健康を保って歩み続けるためのヒントが，レジリエンスが垣間見えてきます。あいまいな喪失の支援の第一歩です。

グリーフの理論，あるいは悲嘆学の分野では，最近西欧で発達した理論に対する見直しの必要性が説かれているのを，目にすることがあります。ですが筆者は，家族がもつレジリエンスに目を向けながら，とくにコミュニケーション上で見聞きする小さな変化に目を向ける，あいまいな喪失の考え方と支援法に違和感を感じません。それは，もしかすると私たちが昔から大切にしてきた家系図，そして拡大家族に目を向ける文化にいることと関係があるのかもしれません。家系図を発展させたものがジェノグラムということができます。核家族，あるいは3世代家族の生活のなかでも，ジェノグラムを読み解いていくと家族の力が見えてきます。

また，あいまいな喪失の支援は自然災害ばかりではなく，私たちの日常生活のなかでも行われつつあります。昨夏行われた日本家族療法学会で「さまざまな家族の問題を『あいまいな喪失』の視点から考える」と題したシンポジウムが開催されました。そこでは医療，福祉，教育などの分野で，すでにあいまいな喪失の視点を応用している実情が発表され，さらなる広がりを感じました。

今後読者のみなさんが活動される分野で，このあいまいな喪失のレンズを活用した感想を交換できる機会があることを願っております。

2019年1月　　　　　　　　　　　　　　　　　　編者を代表して
　　　　　　　　　　　　　　　　　　　　　　　　石井千賀子

文　献

序　文

Frankl, V. E.（1977）. ...*trotzdem Ja zum Leben sagen: Ein Psychologe erlebt das Konzentrationslager*. Kösel-Verlag.（池田香代子（訳）(2002). 夜と霧 新版. みすず書房.）

第 1 章

Boelen, P. A. & Prigerson, H. G.（2007）. The influence of symptoms of prolonged grief disorder, depression, and anxiety on quality of life among bereaved adults: A prospective study. *European Archives of Psychiatry and Clinical Neurosciences*, **257**(8), 444-452.

Bonanno, G. A.（2004）. Loss, trauma, and human resilience: Have we underestimated the human capacity to thrive after extremely aversive events? *American Psychologist*, 59(1), 20-28.

Boss, P.（1977）. A clarification of the concept of psychological father presence in families experiencing ambiguity of boundary. *Journal of Marriage and Family*, 39(1), 141-151.

Boss, P.（1999）. *Ambiguous loss: Learning to live with unresolved grief*. Harvard University Press.（南山浩二（訳）(2005).「さよなら」のない別れ 別れのない「さよなら」——あいまいな喪失. 学文社.）

Boss, P.（2006）. *Loss, trauma and resilience: Therapeutic work with ambiguous loss*. W.W. Norton and Company.（中島聡美・石井千賀子（監訳）(2015). あいまいな喪失とトラウマからの回復——家族とコミュニティのレジリエンス. 誠信書房.）

Boss, P.（2016）. The context and process of theory development: The story of ambiguous loss. *Journal of Family Theory & Review*, 8(3), 269-286.

Bowlby, J. (1982). *Attachment and loss, Vol. 3: Loss-sadness and depression.* Tavistock Institute of Human Relations. (黒田実郎・吉田恒子・横浜恵三子（訳）(1991). 母子関係の理論 Ⅲ――対象喪失. 岩崎学術出版社.)

Freud, S. (1917). Trauer und melancholie. Internanationale zeidschrift fur arzriche. *Psychoanalyse*, 4, 288-301.(井村恒郎(訳)(1970). 悲哀とメランコリー. 井村恒郎・小此木啓吾他（訳)フロイト著作集 第6巻. 人文書院. pp. 137-149.)

井伏鱒二 (1994). 厄除け詩集. 講談社.

厚生労働省 (2017). 平成29年版高齢社会白書（概要版）. [http://www8.cao.go.jp/kourei/whitepaper/w-2017/html/gaiyou/index.html]

Prigerson, H. G., Bierhals, A. J., Kasl, S. V., Reynolds, C. F., 3rd, Shear, M. K., Day, N., & Jacobs, S. (1997). Traumatic grief as a risk factor for mental and physical morbidity. *American Journal of Psychiatry*, 154(5), 616-623.

Silverman, G. K., Jacobs, S. C., Kasl, S. V., Shear, M. K., Maciejewski, P. K., Noaghiul, F. S., & Prigerson, H. G. (2000). Quality of life impairments associated with diagnostic criteria for traumatic grief. *Psychological Medicine*, 30(4), 857-862.

Stroebe, M., Schut, H., & Stroebe, W. (2007). Health outcomes of bereavement. *Lancet*, 370(9603), 1960-1973.

Wittouck, C., Van Autreve, S., De Jaegere, E., Portzky, G., & van Heeringen, K. (2011). The prevention and treatment of complicated grief: A meta-analysis. *Clinical Psychology Review*, 31(1), 69-78.

Worden, J. M. (2008). *Grief counseling and grief therapy: A handbook for the mental health practitioner.* 4th ed. Spinger Publishing Company, LLC.（山本力（監訳)(2011). 悲嘆カウンセリング――臨床実践ハンドブック. 誠信書房.)

第2章

Boss, P. (2006). *Loss, trauma, and resilience: Therapeutic work with ambiguous loss.* W. W. Norton and Company. (中島聡美・石井千賀子（監訳)(2015). あいまいな喪失とトラウマからの回復――家族とコミュニティのレジリエンス. 誠信書房.)

Boss, P. (2016). The context and process of theory development: The story of ambiguous loss. *Journal of Family Theory & Review*, 8(3), 269-286.

Carr, A. (2006). *Family therapy: Concepts, process and practice.* 2nd ed. Wiley-

Blackwell.

Carter, B. & McGoldrick, M. (1989). *The changing family life cycle: A framework for family therapy.* 2nd ed. Allyn & Bacon.

早樫一男 (2016). 対人援助職のためのジェノグラム入門——家族理解と相談援助に役立つツールの活かし方. 中央法規出版.

平木典子 (2013). 日本における夫婦・家族療法の統合的アプローチの課題. 家族療法研究, 30(2), 173-177.

International Work Group on Death Dying Bereavement. (2002). Assumptions and principles about psychosocial aspects of disasters. *Death Studies*, 26(6), 449-462.

石井千賀子・加藤麻由美 (2012). ミドルエイジの問題——家族療法の視点から. キリスト新聞社.

石井千賀子・黒川雅代子・瀬藤乃理子・中島聡美 (2016). あいまいな喪失とリジリアンス. 家族療法研究, 33(1), 38-44.

石井千賀子・左近リベカ (2012). 自死による曖昧な喪失を体験した子どもと家族へのケア. 精神療法, 38(4), 466-472.

McGoldrick, M., Gerson, R., & Petry, S. (2008). *Genograms: Assessment and intervention.* 3rd ed. W. W. Norton and Company. (渋沢田鶴子 (監訳)(2018). ジェノグラム——家族のアセスメントと介入. 金剛出版.)

中釜洋子 (2007). 家族をつなぐ女性——家族の発達という視点から. 園田雅代・平木典子・下山晴彦 (編). 女性の発達臨床心理学. 金剛出版, pp.62-73.

中釜洋子 (2008). 家族のための心理的援助. 金剛出版.

日本家族研究・家族療法学会 (編)(2013). 家族療法テキストブック. 金剛出版.

瀬藤乃理子・石井千賀子 (2016). 災害とレジリエンス. 保健の科学, 58(11), 750-755.

第3章

Boss, P. (2006). *Loss, trauma and resilience: Therapeutic work with ambiguous loss.* W.W. Norton and Company. (中島聡美・石井千賀子 (監訳)(2015). あいまいな喪失とトラウマからの回復——家族とコミュニティのレジリエンス. 誠信書房.)

江澤和雄 (2012). 災害後の児童生徒の心のケア. レファレンス, 732. [http://www.ndl.go.jp/jp/diet/publication/refer/pdf/073203.pdf]

河北新報（2014）．「児童に震災影響」7 割　宮城県沿岸小中　本社アンケート．1月 1 日朝刊．

公益社団法人チャンス・フォー・チルドレン（2015）．東日本大震災　被災地・子ども教育白書．

久保恭子・後藤恭一・宍戸路佳（2013）．新潟中越地震災害が夫婦関係やストレス，子どものメンタルヘルスに与える影響．小児保健研究，**72**(6), 804-809.

宮城県（2014a）．平成 25 年度における不登校児童生徒の追跡調査結果の概要について．[http://www.pref.miyagi.jp/uploaded/attachment/297438.pdf]

宮城県（2014b）．平成 25 年度における児童生徒の問題行動等に関する調査（宮城県分）の結果について．[http://www.pref.miyagi.jp/uploaded/attachment/287098.pdf]

髙橋聡美（編著）(2012)．グリーフケア――死別による悲嘆の援助．メヂカルフレンド社．

第 4 章

Boss, P.（2006）. *Loss, trauma and resilience: Therapeutic work with ambiguous loss.* W.W. Norton and Company.（中島聡美・石井千賀子（監訳）(2015)．あいまいな喪失とトラウマからの回復――家族とコミュニティのレジリエンス．誠信書房．）

Boss, P.（2011）. *Loving someone who has dementia: How to find hope while coping with stress and grief.* John Wiley & Sons.（和田秀樹（監訳）(2014)．認知症の人を愛すること――曖昧な喪失と悲しみに立ち向かうために．誠信書房．）

第 5 章

Boss, P.（2006）. *Loss, trauma and resilience: Therapeutic work with ambiguous loss.* W.W. Norton and Company.（中島聡美・石井千賀子（監訳）(2015)．あいまいな喪失とトラウマからの回復――家族とコミュニティのレジリエンス．誠信書房．）

Boss, P., Beaulieu, L., Wieling, E., Turner, W., & Lacruz, J.（2003）. Healing loss, ambiguity, and trauma: A community-based intervention with families of union workers missing after the 9/11 attack in New York City. *Journal of Marital and Family Therapy,* **29**, 455-467.

Figley, C. R.（2002a）. Compassion fatigue: Psychotherapists' chronic lack of self-care. *Journal of Clinical Psychology*, **58**, 1433-1441.

Figley, C. R.（ed.）（2002b）. *Treating compassion fatigue*. Brunner Routledge.

石井千賀子・黒川雅代子・瀬藤乃理子（2016）．東日本大震災における「あいまいな喪失」に対するコンサルテーション――あいまいな喪失事例検討会における取り組み．家族療法研究，**33**，49-54.

石井千賀子・瀬藤乃理子（2014）．家族療法に基づく「あいまいな喪失」への支援――福島における支援者支援の経験から．家族療法研究，**31**，101-105.

Maslach, C., Jackson, S. E., & Leiter, M. P.（eds.）（1996）. *Maslach burnout inventory manual*. 3rd ed. Consulting Psychologists Press.

Stamm, B. H.（ed.）（1995）. *Secondary traumatic stress: Self-care issues for clinicians & educators*. The Sidran Press.（小西聖子・金田ユリ子（訳）（2003）．二次的外傷性ストレス――臨床家，研究者，教育者のためのセルフケアの問題．誠信書房.）

Stamm, B. H.（2010）. The Concise ProQOL Manual.［https://proqol.org/uploads/ProQOL_Concise_2ndEd_12-2010.pdf］

瀬藤乃理子（2015）．終末期および死別の支援とストレス．丸山総一郎（編）．ストレス学ハンドブック．創元社，pp. 394-404.

瀬藤乃理子（2017）．災害時の女性支援者のストレスとその対策．丸山総一郎（編）．働く女性のストレスとメンタルヘルスケア．創元社，pp. 228-239.

瀬藤乃理子・黒川雅代子・石井千賀子・中島聡美（2015）．東日本大震災における「あいまいな喪失」への支援――行方不明者家族への支援の手がかり．トラウマティック・ストレス，**13**，69-77.

堤明純（2010）．職場におけるストレス対策――エビデンスとその応用．産業ストレス研究，**17**，243-248.

索　引

A to Z

cuddle group　*139*
EE (expressed emotion)　*29, 30*
JDGS (Japan Disaster Grief Support)　*117, 151, 152*
MRI（メンタル・リサーチ・インスティチュート）　*61*
PTSD (Posttraumatic Stress Disorder)　*xvii, 11, 12, 14*

ア行

愛着　*x, xvi, 2, 3, 10, 17-19, 25, 42, 44, 55, 114*
──対象　*2, 3, 22, 25*
アイデンティティ　*x, 3, 18, 19, 22, 23, 42, 43, 54, 107, 108, 113, 114*
あいまいな喪失事例検討会 → 事例検討会
アルコール（薬物）関連障害　*14, 32*
怒り　*xi, 4, 15, 19-21, 24, 70, 71, 76, 85, 113, 130*
遺児　*72, 87*
遺族　*xviii, 5, 6, 27, 117, 118, 123, 151, 152*
遺体　*iii, vi, 6-8, 10, 79, 87, 94, 122, 123, 142, 147*
井伏鱒二　*1*
インド洋津波　*32*
ウィタカー（Whitaker, C.）　*62, 139, 144*
うつ（病）　*5, 7, 12, 14, 16, 29, 32, 71, 72, 120, 149*
于武陵　*1*
AでもありBでもあり　*xvi, 17-19, 42, 43, 53, 111, 132*
エリクソン（Erickson, M. H.）　*61*
円環的なプロセス　*25, 57*
エンパワメント　*143*

カ行

介護　*18, 24, 92, 93, 105-110, 114, 115, 119, 120, 137*
──者　*22, 25, 110, 114, 115, 119, 120*
外在化　*19, 20, 22, 24, 43, 111, 134*
介入目標　*110*
回復プロセス　*31*
確実な喪失　*63, 68, 132*
拡大家族　*52, 90, 154*
家系図　*154*
家族:
　──外のリソース　*37, 50*
　──関係　*vi, 34-36, 39, 46-48, 51, 57, 58, 66, 83, 153*
　──境界　*52*
　──教室　*29*
　──グループ　*30*
　──システム　*34, 52*
　──心理教育　*29*
　──の集まり　*83, 142*
　──の行事　*13, 15, 101, 102*
　──の視点　*vii, 34, 35, 38, 48*
　──の発達段階　*51, 54, 56*
　──の役割　*vi, 39, 83*
　──面接　*29*
　──療法　*vii, x, xi, xvii, 9, 10, 24, 33, 54, 56-59, 61, 62, 85, 139, 153, 154*
　──療法家　*xv, 33, 54, 61, 62, 85*
学校支援　*90*
葛藤　*6, 15, 18, 19, 23-25, 58, 75, 76, 79, 81, 83, 84, 86, 105, 119, 120, 127, 128, 132-134, 138, 147, 150*
　──の関係　*vi, 37, 41*
過保護　*29*

関係性　*ii, vi*, 10, 11, 14, 15, 17, 22, 25, 35, 45, 46, 52, 79-81, 91, 106, 108
　　──の編み目　46
感情表出　29
完璧主義　134
帰還　9, 90, 91, 100, 103, 144
危険な兆候　127, 130, 137, 138
希薄な関係　*vi*, 37, 41, 50, 51
希望　*ii, vi, x*, 3, 15, 16, 18, 20, 25-27, 42, 44-46, 55, 56, 64, 91, 104, 112-114, 134, 137
境界　15, 19, 23, 52, 58, 91, 128, 135, 136
共感性疲労　127-130, 135 136, 144
距離　77, 102, 113, 126, 135-137
きわめて密だが葛藤の関係　37
グリーフ → 悲嘆（グリーフ）
　　──サポート　87, 89
経済的な喪失　65, 66
原家族ワーク　85
原発事故 → 福島第一原発事故
高EE家族　29, 30
公正世界の信念　12, 19, 21
行動化　79, 91
心の家族　*xiii*, 17, 19, 22, 25, 43, 134, 141, 145
個人的達成感の低下　128, 129
コミュニティ　*viii*, 11, 13-15, 17-19, 21-23, 31, 91, 92, 103, 110, 113, 126, 134, 139
孤立化　143
コンサルテーション　*xvi, xviii*, 28, 34, 143, 145, 152, 153
　　──の補佐役　34, 153
コントロール　20-22, 74, 77, 113, 114, 120, 127, 128, 132, 133, 138
　　──感（支配感）　*viii, x*, 12, 18, 19, 21, 22, 42, 43, 53, 57, 113, 132, 133

サ行

罪悪感　4, 13, 14, 18, 19, 22, 24, 69, 71, 95, 107, 111, 123, 137
災害グリーフサポートプロジェクト → JDGS
挫折感　127, 128
サポートし合う関係　*vi*, 37, 40, 50

「さよなら」のない別れ　*vi*, 6, 7, 33, 36, 38, 47, 73, 111, 112, 116, 118, 119, 149
3世代家族　22, 23, 154
ジェノグラム（多世代家族構成図）　*vi, x*, 34-41, 45, 47-51, 56, 79, 80, 154
　　──の活用方法　36
支援者（支援する人）　*i, ii, ix, x*, 20, 27, 28, 36, 41-46, 48-51, 53-56, 74-77, 81-83, 90, 126-137, 139-148, 151, 153, 154
支援の流れ　34, 45, 47, 57
自己開示　85
自己同一性　31,「アイデンティティ」も参照
自己分化　52
自殺（自傷）　4, 5, 14, 19, 65, 66
死者　21, 62, 69, 142
持続性複雑死別障害（PCBD）　5, 6
児童養護施設　59
支配感 → コントロール感（支配感）
死別体験　3, 68, 70, 87
死亡届　78, 79, 81, 83, 94, 95, 111, 116
習慣　13, 31, 32, 66, 135, 139
終結　*ii, vii, xiv*, 1, 6, 8, 10, 19, 27, 34, 57, 131, 132, 140, 150
出身地　*x*, 49, 51, 53, 55, 56
情緒的消耗　128, 129
情緒的にきわめて密な関係　*vi*, 37, 40, 50, 51
自律性　32
事例検討会　*i, vii, xv, xvi*, 34, 58, 137, 143-145, 151-153
事例提供者　34, 153
身体的不在　47
心理教育　*viii*, 29, 30, 43, 53, 56, 82, 90
心理的不在　10, 47
スタム（Stamm, B.H.）　129, 130
スティグマ　32, 53
ストレス　*i-iii, xvi*, 5, 11-14, 16, 20, 21, 24, 26, 29, 30, 32, 33, 51, 66, 73, 100, 101, 113, 114, 123, 126, 128-132, 135, 137-139
スーパーヴィジョン　28, 45, 133
スマトラ沖地震　32
生活の再建　67
脆弱　57

索引　161

精神障害(精神疾患)　5, 7, 12, 14, 16, 29, 32
　──者　29
　──者家族　116, 118
精神保健　v, xvii, 32, 147
　──福祉士　iii
絶望感　1, 14, 76, 98, 143
セルフケア　45, 135-137, 145
遷延性悲嘆障害(PGD)　5, 6
選択肢　20, 26, 53, 54, 144
葬儀　42, 78, 79, 81, 83, 85, 94, 95, 116, 149

タ行

退行現象　70
対象喪失　86
耐性　28, 140, 141, 149
タイプ１　vi, 6, 7, 9, 36, 38, 47, 73, 79, 111, 112, 142
タイプ２　vi, 7-9, 24, 36, 47, 52, 73, 112, 142
耐える力　61, 128, 131, 144
脱人格化　128, 129
断絶　22, 37, 51
地域　i-iii, vi, ix, 8, 15, 19, 20, 22, 23, 31, 32, 38, 39, 47, 50, 67, 90, 91, 103, 113, 117, 118, 139, 147, 148
　──文化　32
長期的な視点　vii, x, 34, 56
長期にわたる影響　53
直線的なプロセス　57
付かず離れずの関係　vi, 37
低所得世帯　65, 66
敵意　4, 29
統合失調症　7, 29, 116
トラウマ　i, ii, 11, 12, 32, 33, 48, 129, 130, 135-137, 139, 141, 145

ナ行

内省　140
新潟中越地震　65, 66
二重拘束　62
日常生活　2, 5, 16, 43, 57, 92, 95, 96, 107, 115, 154
ニューヨーク同時多発テロ　vi, 7, 23, 24, 139,

140, 142, 143
忍耐力　i, 134
認知症　ii, vi, xiv, 7-10, 12, 18, 20, 22, 24, 25, 92, 93, 105-109, 114, 115, 119, 120, 149, 151
ノーマライズ　19, 44, 76

ハ行

場づくり　32
発達段階　x, 51, 52, 54, 56, 68, 69, 72
バーンアウト　127-130, 135, 136, 143, 144
犯罪　1, 7, 8, 59, 72
阪神淡路大震災　65
ピアサポート　45
東日本大震災(震災)　iii, vii-x, 6, 7, 31-36, 38-41, 43, 46, 48-50, 64-67, 70, 72, 77-81, 83, 87, 88, 90-103, 111-113, 117, 140, 141, 143, 145, 147, 151, 152, 154
非行　58
悲嘆(グリーフ)　xi, xv, xvii, xviii, 1-6, 11, 12, 14, 27, 33, 63, 68-72, 74, 75, 81, 82, 84, 87, 117, 118, 136, 154
避難生活　47
批判　iii, 21, 29
疲弊　120, 145
表記方法　36
ファシリテーター　83, 89
不安　2-4, 14, 41, 46, 48, 49, 52, 59, 66, 71, 74, 98, 103, 105, 127, 143, 149
フィグリー(Figley, C. R.)　120, 130, 136
夫婦関係　51, 52, 59, 66
不確実な喪失　1, 10, 72, 73
複雑性悲嘆(悲嘆の複雑化)　xvii, 5, 6, 12, 14, 72
福島第一原発事故　vi, ix-xi, xvi, 8-10, 22, 59, 67, 90, 93, 99, 104, 112, 113, 143
複数の喪失　48
仏教　32, 117, 118
復興　67, 117, 118, 147, 148
不適応行動　91
不登校　65, 66, 78-82, 91
フラッシュバック　64, 91
振り返りの作業　140-142

文化　*xvi, 11, 22, 29, 32, 113, 115, 117, 139, 142, 152, 154*
変化　*vi, 4, 7, 14, 22, 23, 25, 26, 29, 34, 36, 39, 41, 43-48, 50, 52, 54-57, 61-67, 69, 70, 79, 80, 90, 91, 99, 113, 114, 131-134, 144, 154*
　──の構造　*62*
ボウルビィ(Bowlby, J.)　*2, 3*
母子疎開　*67*
ボス(Boss, P.)　*v, vii, xv-xviii, 6, 7, 9-13, 17, 19-30, 33-36, 42, 43, 45, 46, 54, 56-58, 61, 62, 73, 76, 81, 89, 92, 110-115, 119, 127, 130, 132, 133, 135, 136, 139-146, 149-153*
ポストモダン思潮　*62*
ボナーノ(Bonanno, G.A.)　*17*

マ行

マスラック(Maslach, C.)　*128, 129*
見立て　*xv, 35, 36, 38, 39, 41, 43, 47, 50, 51, 53, 54, 56, 82*
南山浩二　*xv*
6つのガイドライン　*ii, x, 18-20, 25, 38, 42, 45, 47, 52*
無力感　*viii, 4, 14, 21, 22, 43, 113, 127, 131, 137, 143*
明確化　*58, 59*
メンタルヘルス　*i-iii, 66, 90*
喪　*2*
森田療法　*120*
問題行動　*ix, 46, 77*
問題児　*xi, 71, 81*

ヤ行

役割の変化　*46*
やりとり　*34, 35, 42, 45-47, 53-57, 70*
行方不明　*ii, iii, v, vi, viii, ix, xi, xv, 1, 6-10, 13, 14, 16, 18, 20, 21, 23, 24, 26, 33, 35-44, 46, 63, 66, 72-75, 77, 80-82, 87, 88, 93-97, 110-112, 116-119, 123, 127, 142, 143, 144, 147*
　──者(の)家族　*i-iii, 9, 15, 18, 23, 26, 111, 116-118, 140, 142*
揺れ動く言動　*44*
読み解く　*36, 38, 39, 41, 47, 48, 50, 154*
4ステップ支援　*36, 47, 48*

ラ行

楽観性　*134*
両価的　*x, 18, 19, 23, 24, 42, 44, 54, 55, 75, 76, 150*
ルール　*19, 53, 83, 98*
レジリエンス(回復力)　*iii, vii, viii, xiv, xvi, 11, 16-19, 22, 23, 26-28, 33, 34, 42, 44, 46, 56, 57, 61, 62, 74, 76, 82, 83, 89, 92, 97, 103, 104, 109-115, 130, 131, 133, 134, 136, 141, 145, 149, 150, 152, 154*
レンズ　*vii, xvii, 34, 38, 45, 46, 92, 154*
ロールプレイ　*53*

ワ行

別れのない「さよなら」　*vi, 7, 9, 29, 33, 36, 47, 73, 112, 116, 118, 119*

執筆者紹介 （＊は編著者）

【第 1 章】 中島聡美（なかじま　さとみ）＊

1993 年　筑波大学大学院医学研究科環境生態系専攻博士課程修了
現　在　武蔵野大学人間科学部教授
著　書　『福島原発事故がもたらしたもの』（共著）誠信書房 2018 年,『情動とトラウマ』（共著）朝倉書店 2017 年,『働く女性のストレスとメンタルヘルスケア』（共著）創元社 2017 年,『こころに寄り添う災害支援』（共著）金剛出版 2017 年,『災害時のメンタルヘルス』（共著）医学書院 2016 年, 他
訳　書　『あいまいな喪失とトラウマからの回復』（共監訳）誠信書房 2015 年,『子どものトラウマと悲嘆の治療』（共訳）金剛出版 2014 年,『青年期 PTSD の持続エクスポージャー療法――治療者マニュアル』（共訳）星和書店 2014 年,『PTSD ハンドブック』（共訳）金剛出版 2014 年, 他

【第 2 章】 石井千賀子（いしい　ちかこ）＊

1993 年　Butler 大学大学院夫婦・家族療法専攻修士課程修了
現　在　石井家族療法研究室スーパーヴァイザー，TELL カウンセリング家族療法家
著　書　『家族療法テキストブック』（共著）金剛出版 2013 年,『災害支援と家族再生』（共著）金子書房 2012 年,『ミドルエイジの問題――家族療法の視点から』（共著）キリスト新聞社 2012 年,『思いっきり会いたい』（共著）ルーテル学院大学人間成長とカウンセリング研究所 2005 年,『大事な人を亡くしたご家族へ』（共著）ルーテル学院大学人間成長とカウンセリング研究所 2005 年, 他
訳　書　『あいまいな喪失とトラウマからの回復』（共監訳）誠信書房 2015 年,『家族療法スーパーヴィジョン』（共監訳）金剛出版 2011 年,『人生のリ・メンバリング』（共訳）金剛出版 2005 年, 他

【第3章】 髙橋聡美（たかはし　さとみ）

2011 年　東北大学大学院医学系研究科医療管理学専攻博士課程修了
現　在　防衛医科大学校看護学科教授
著　書　『死別を体験した子どもによりそう』（共著）梨の木舎 2013 年，『子どものグリーフを支えるワークブック』（監修）梨の木舎 2013 年，『ひとりじゃない　ドキュメント震災遺児』（共著）NHK 出版社 2012 年，『グリーフケア』（編著）メヂカルフレンド社 2012 年

【第3章】【第5章】 瀬藤乃理子（せとう　のりこ）[*]

2013 年　神戸大学大学院医学系研究科保健学専攻博士課程修了
現　在　福島県立医科大学医学部災害こころの医学講座准教授
著　書　『グリーフケアとグリーフカウンセリング』（共著）日本評論社 2023 年，『遺族ケアガイドライン 2022 年版』（共著）金原出版 2022 年，『東日本大震災とこころのケア』（共著）日本評論社 2021 年，『女性のメンタルヘルス』（共著）南山堂 2017 年，『ストレス学ハンドブック』（共著）創元社 2015 年，他
訳　書　『パンデミックにおけるあいまいな喪失』（共訳）誠信書房 2024 年，『あいまいな喪失とトラウマからの回復』（共訳）誠信書房 2015 年，他

【第4章】 黒川雅代子（くろかわ　かよこ）[*]

2015 年　関西学院大学大学院人間福祉研究科博士課程修了
現　在　龍谷大学短期大学部社会福祉学科教授
著　書　『ソーシャルワーク研究におけるデザイン・アンド・ディベロップメントの軌跡』（共著）関西学院大学出版会 2018 年，『仏教とカウンセリングの理論と実践』（共編）自照社出版 2013 年，『グリーフケア』（共著）メヂカルフレンド社 2012 年，『感情マネジメントと癒しの心理学』（共著）朝倉書店 2011 年，『仏教とカウンセリング』（共著）法蔵館 2010 年，他

【コラム】

1 後藤雅博（ごとう　まさひろ）
　　1977 年　千葉大学医学部卒業
　　現　在　こころのクリニック ウィズ所長

2 福地 成（ふくち　なる）
　　2013 年　東北大学大学院医学系研究科卒業
　　現　在　みやぎ心のケアセンター副センター長

3 生島 浩（しょうじま　ひろし）
　　1979 年　一橋大学社会学部卒業
　　2016 年　東北大学大学院文学研究科博士課程修了
　　現　在　福島大学大学院人間発達文化研究科教授

4 長谷川啓三（はせがわ　けいぞう）
　　1984 年　東北大学大学院教育学研究科博士課程修了
　　現　在　東北大学名誉教授

5 渡辺俊之（わたなべ　としゆき）
　　1986 年　東海大学医学部卒業
　　現　在　渡辺医院／高崎西口精神療法研修室院長

6 西田正弘（にしだ　まさひろ）
　　1983 年　國學院大學文学部卒業
　　現　在　あしなが育英会東北事務所長

7 中村志寿佳（なかむら　しずか）
　　2008 年　福島大学大学院教育学研究科学校臨床心理専攻修士課程修了
　　現　在　福島大学子どものメンタルヘルス支援事業推進室特任助教

8 黒田大介（くろだ　だいすけ）
　　1998 年　岩手大学大学院人文社会科学研究科欧米文化論専攻修士課程修了
　　現　在　岩手日報社論説委員

9 和田秀樹（わだ　ひでき）
　　1985 年　東京大学医学部卒業
　　現　在　国際医療福祉大学赤坂心理・医療福祉マネジメント学部教授

10 髙倉天地（たかくら　てんじ）
　　2009 年　北九州市立大学外国語学部国際関係学科夜間主卒業
　　現　在　株式会社テムジン　ドキュメンタリー映像作家

11 **黒澤美枝**（くろさわ　みえ）
　　1999 年　岩手医科大学医学部医学研究科卒業
　　現　在　防衛医科大学校病院精神科医師

12 **米虫圭子**（こめむし　けいこ）
　　2001 年　United States International University 臨床心理学博士課程前期修了
　　　　　　（Master of Arts in Counseling Psychology）
　　現　在　京都産業大学学生相談室主任カウンセラー

13 **瀬藤乃理子**（せとう　のりこ）
　　前々頁参照

あいまいな喪失と家族のレジリエンス
──災害支援の新しいアプローチ

2019年3月11日　第1刷発行
2024年2月1日　第3刷発行

編著者	黒　川　雅代子	
	石　井　千賀子	
	中　島　聡　美	
	瀬　藤　乃理子	
発行者	柴　田　敏　樹	
印刷者	日　岐　浩　和	

発行所　株式会社　誠信書房
〒112-0012　東京都文京区大塚 3-20-6
電話 03（3946）5666
https://www.seishinshobo.co.jp/

印刷／中央印刷　製本／協栄製本　落丁・乱丁本はお取り替えいたします
©Kayoko Kurokawa, Chikako Ishii, Satomi Nakajima, & Noriko Setou, 2019
Printed in Japan　ISBN978-4-414-41651-0 C3011

JCOPY　<（社）出版者著作権管理機構　委託出版物>

本書の無断複写は著作権法上での例外を除き禁じられています。複写される場合は、そのつど事前に、（社）出版者著作権管理機構（電話 03-5244-5088、FAX 03-5244-5089、e-mail: info@jcopy.or.jp）の許諾を得てください。